有趣的历史

中国近现代篇

主编◎王烨　副主编◎刘建新　王怀利　宋薇　余志武　王聪　费小建

清華大学出版社
北　京

内 容 简 介

本书共有六章，既突出了历史进程的时序性，又凸显了历史发展的主线。借助真实、有趣、鲜活的故事讲述了从鸦片战争到改革开放后的中国近现代历史。为了使读者更好、更准确地了解历史事件的来龙去脉，本书还设有辅助小栏目，既有助于读者从历史深处解读历史，又可以拓展读者的阅读知识面，落实历史学科的核心素养。

通过本书，读者能够体会历史本身的趣味和意义。同时，本书通过构建历史与当下的联系，可让青少年立足当今，放眼世界，具有正确的国际视野。

本书适合青少年阅读，同时对一般历史爱好者也具有较高的参考价值。

图书在版编目（CIP）数据

有趣的历史．中国近现代篇 / 王烨主编．—北京：清华大学出版社，2023.8
ISBN 978-7-302-64402-6

Ⅰ．①有…　Ⅱ．①王…　Ⅲ．①中国历史—近现代—青少年读物　Ⅳ．① K209

中国国家版本馆 CIP 数据核字（2023）第 149555 号

责任编辑：杜春杰
封面设计：刘　超
版式设计：楠竹文化
责任校对：马军令
责任印制：沈　露

出版发行：清华大学出版社
网　　址：http://www.tup.com.cn，http://www.wqbook.com
地　　址：北京清华大学学研大厦 A 座　　**邮　　编：**100084
社 总 机：010-83470000　　**邮　　购：**010-62786544
投稿与读者服务：010-62776969，c-service@tup.tsinghua.edu.cn
质量反馈：010-62772015，zhiliang@tup.tsinghua.edu.cn
印 装 者：大厂回族自治县彩虹印刷有限公司
经　　销：全国新华书店
开　　本：170mm × 230mm　　**印　　张：**13.75　　**字　　数：**232 千字
版　　次：2023 年 10 月第 1 版　　**印　　次：**2023 年 10 月第 1 次印刷
定　　价：59.80 元

产品编号：093531-01

序

在我们的生活中，人们常常讲故事、听故事，尤其是中小学生，更喜欢听故事。所谓“故事”，一般是指过去的事情，而历史就是过去的事情。历史丰富多彩，既有时代的变迁、朝代的兴衰，又有家族的荣枯、个人的悲喜；既有繁荣昌盛的辉煌景象、金戈铁马的壮烈场景，又有衰败萧条的残破局面、血雨腥风的至暗时光；既有叱咤风云的领袖人物、目光深邃的思想先驱、成绩斐然的科学巨匠，又有辛勤劳作的普通民众、心灵手巧的能工巧匠。正因为如此，历史是精彩的，是有趣的，是吸引人的。更重要的是，精彩而有趣的历史，可以给人以启迪、反思，使人从中获取智慧，受到教育，进而能够鉴往知来、洞察世事、感悟人生。

“故事”还是一种文学体裁。现在呈现给青少年读者的这套“有趣的历史”，就是以讲故事的方式，将中外历史上重要的事件、人物、现象等娓娓道来，以生动、具体、形象的描述帮助青少年触摸历史的脉动，感受历史的精彩，体会历史的有趣。这是一套关于历史的书，它既不像一个正襟危坐的老人在对后生进行严肃的说教，也不像有的文艺作品那样随意戏说，而是根据可靠的历史材料，按照历史发展的顺序，精选重要的史实，以提问为引导，进行具体而平实的叙述，展现历史的生动有趣。

这是一套构思精巧、可读性较强的历史读物，青少年通过阅读，可以了解那些历史上的重要事件、重要人物、具体的历史现象，解决一些对历史事实的疑惑，明了历史所蕴含的道理、经验、智慧等。而且，这套书还可以为学好历史课提供很多帮助。学校的历史教材内容虽然较为全面、系统，但往往是概而论之，不太具体。而这套书恰恰可以作为对历史课程的学习补充，帮助学生更深入、更具体地了解历史的真实情况，尤其是历史事件发生的具体经过、历史人物的具体言行、历史现象的具体状态等，这对学生了解历史、理解历史和认识历史有很大帮助。此外，它还可以使学生了解比教材上更多的历史情况，丰富历史知识，拓展历史视野。通过阅读这套书，学生会感受到学习历史并不是一件枯燥无味、兴趣索然的事，而是一件很有意思也很有意义的事；学好历史，是成长过程中不可或缺的。

正因为如此，我向广大的青少年推荐这套“有趣的历史”，希望大家通过阅读，真正地感受到历史的精彩和有趣，深刻地体会“习史使人明智”。

是为序。

首都师范大学历史学院教授

中国教育学会历史教学专业委员会副理事长

2022 年 2 月 25 日

目 录

第一章
天朝大国到山河破碎

第一节　鸦片战争，千年变局

近代史上，清朝在鸦片战争中落败，其实是方兴未艾的英国工业文明对落后的中国农耕文明无情碾压的结果。从17世纪开始，世界便发生了前所未有的巨大变化。以英国为代表的西方国家迈入了工业时代，各地厂房拔地而起，烟囱林立，机器疯狂运转，演奏着煤与铁的浪漫交响乐。英国的绅士们穿着黑色西装，拿着文明杖，乘坐引擎轰鸣的蒸汽机船在泰晤士河上游弋。反观那时的清朝，在经历了漫长的“闭关锁国”后，统治者并没有意识到外界的变化，仍然沉浸在天朝上国的迷梦之中。

一、闭关锁国闹出怎样的笑话？

1.“一根筋”的马戛尔尼

我们先从乾隆皇帝时期的一起外交笑话说起吧。1792年，曾担任过英国驻俄公使的马戛尔尼受英国外相[①]邓达斯之邀，率领一支由数百人组成的使节团，从英国的朴次茅斯港出发，乘坐战舰浩浩荡荡地驶往遥远的中国。他此行肩负着重要的任务：请求中国政府与英国通商，在中国寻得一处方便英国停放船只的小岛，为英国争取减免关税。

不巧的是，来到中国后，马戛尔尼一行并没有直接见到皇帝。使团于8月份到达北京，因为乾隆皇帝正在热河[②]的行宫避暑，所以使团到9月份才能见到皇帝。这时候，奉命接待使团的钦差大臣开始对马戛尔尼进行会见皇帝的“岗前培训”。他暗示马戛尔尼说，英国的衣服过于合身，恐怕见到皇帝行“三跪九叩”大礼时会不太方便，甚至亲自给马戛尔尼演示见到皇帝应如何磕头，一再强调要“磕响头九个”。不料，贵族出身的马戛尔尼直接拒绝，坚持见到皇帝时要行英国

① 外交大臣，与外交部部长职责一样。

② 中国旧行政区划的省份，位于河北省、辽宁省和内蒙古自治区交界地带，于1955年撤销。

国礼。于是，双方的代表不欢而散。

钦差大臣回去后，马戛尔尼的使团在圆明园待了几日，便带着礼品前往热河行宫。他们刚到热河，另一位钦差大臣徵（zhēng）瑞就赶来劝他们行中国礼。此时，马戛尔尼已经有点儿恼羞成怒，徵瑞又一次徒劳而归。

不料到了第二天，事情发生了转机，徵瑞等人向马戛尔尼打听英国的礼仪。马戛尔尼说："英国礼乃系屈一膝，引手伸嘴，握皇帝陛下之手而亲之。"徵瑞把了解到的情况转达给乾隆皇帝，在清楚皇帝的态度后，告诉马戛尔尼："拉着皇帝的手亲嘴，总不是个道理，还是免了吧！"中国人既然不习惯，马戛尔尼也顺其自然。他特意声明："敝使本欲向贵国皇帝行个全礼，今屈从诸君之意，改做半礼。"乾隆皇帝准许马戛尔尼行英国礼仪——单膝跪。就这样，一场礼仪之争总算偃（yǎn）旗息鼓。

头脑风暴

（1）闭关锁国始于何时？

（2）清朝的"三跪九叩"大礼与哪一学派的思想有关？

（3）英国的工业革命兴起于何时？工业革命给英国带来了哪些变化呢？

（4）马戛尔尼与中国官员产生分歧的根本原因是什么呢？

2. 道光皇帝的困惑

这件事发生在道光年间，当时清政府在同英国的鸦片战争中处于极度弱势的地位，面对英军的咄（duō）咄逼人，朝野上下哀鸿一片。作为一国之君的道光皇帝觉得颜面尽失，尤其是在得知英国的一国之君竟然只有22岁，更是觉得不可思议。道光皇帝知道扬威将军奕经和英国人有过接触，于是，他发挥了"不耻下问"的精神，在奕经的奏章里连珠炮似的发问，迫切地想要求得答案。这几个问题是这样的。

"该女主年甫二十二岁，何以被推为一国之主？有无匹配？其夫何名何人？在该国现居何职？"翻译过来的意思就是："这位女王才22岁，为什么能够被推举为一个国家的君主呢？她结婚了吗？丈夫叫啥名字，是什么地方的人？丈夫在英国担任什么职务？”

道光皇帝问题的答案

问题一：该女主年甫二十二岁，何以被推为一国之主？

1820 年 1 月 29 日，英国国王乔治三世去世。此时，根据《王位继承法》的规定，英国王位的王位继承人顺序是：摄政王乔治王子（长子）、约克公爵弗雷德里克王子（次子）、克拉伦斯公爵威廉王子（三子）、肯特和斯特拉森公爵爱德华王子（四子）。由于乔治王子的子女在 1817 年就去世，弗雷德里克王子无婚生子女，威廉王子的子女全部夭折，因此爱德华王子之女维多利亚的王位继承人顺序自然而然地排在了第五位。

到了维多利亚 1 岁时，她的父亲不幸去世。接着摄政王乔治王子继位，成为英国国王乔治四世。乔治四世在位时期，弗雷德里克王子于 1827 年去世。乔治四世去世后，威廉王子随即继承王位，成了英国国王威廉四世。威廉四世去世后，维多利亚已成年，所以维多利亚顺理成章地成为英国女王。

问题二：有无匹配？其夫何名何人？在该国现居何职？

英国女王的丈夫叫阿尔伯特，出生于萨克森・科堡・萨尔费尔德公国，没有在政府里担任任何职务。据说，他离国事最近的时候，是帮维多利亚女王给文件上的签名贴上方格纸。

道光皇帝之所以感到困惑，是因为清朝闭关锁国的时间太久，朝廷上下对外边的世界缺少了解，以为全天下都是中国的嫡长子继承制。实际上，在维多利亚女王之前，英国历史上已经出现了女性国王，如都铎王朝的玛丽一世、伊丽莎白一世。

二、鸦片的危害有哪些呢?

1. 英国人的歪主意

鸦片战争前夕，英国人兴冲冲地跑来中国做生意，带来了本国的工业产品，结果发现中国人并不买账。因为中国当时仍然是农耕文明，沿袭了传承千年的“小农经济”。每家每户都相当于一个独立的生产部门，家中男性负责种地，生产吃的，女性负责织布，提供一家所需的布料，一家人一辈子不同外界交往也能满足所需的各种物资，更不用说同老外打交道了。另外，英国人带来的东西也不实用，那些吃洋餐才能用的勺子、叉子不适合中国人。眼看着自己的东西根本卖不动，英国商人们打起了歪主意——既然你们没有需求，那我们就创造需求，创造一个你们一旦沾上就断不了的需求。这帮商人想来想去，最终把目光落在了一种邪恶的物质——鸦片上。这玩意是由罂粟的蒴果乳汁干燥而成的，俗称“大烟”，原本是用来止咳、镇痛的，久服有成瘾性，经英国人走私流入中国后，泛滥成灾，成了毒品，给老百姓、军队和国家都造成了巨大的伤害。

2. 鸦片的危害与“虎门销烟”

对老百姓来说，一旦吸食成瘾，整个人会变得精神萎靡、懒散，长期吸食会导致体质严重下降，瘦得皮包骨头，仿佛行走的活死人。对军队来说，士兵长期吸食鸦片，身体衰弱，精神颓废，能活多久都不确定呢，哪里还有劲儿打仗。在当时的清朝，特别是在川军当中，有不少“双枪军”。这些部队的士兵打仗时端起火枪，没有战事的时候就会拿起烟枪猛吸几口，在鸦片带来的快感中醉生梦死。可以想象，这样的军队能有什么战斗力呢？此外，鸦片对国家的贸易也产生了巨大的危害。英国和中国做生意之初，英国人从中国买回去的东西可比卖给中国的东西多多了。要是算笔账的话，就是在中国花出的钱比从中国挣得的钱多。好家伙，买卖不成还往里搭钱，这在经济学中称为“贸易入超”①。但在英国向中国走私鸦片后，情况一下子发生了逆转。中国烟民对鸦片的需求激增，疯狂地买鸦片“续命”，中国国内大笔白花花的银子流向了英国，整个家底都要被英

---

① 即贸易逆差，指一定时期内某国的进口额大于出口额，一般表示该国的对外贸易处于不利的地位。

国掏空了。当时一些大臣提出严禁鸦片，林则徐就是其中之一，他在给道光皇帝的上书中写道：“鸦片之害甚于洪水猛兽，此祸不除，是使数十年后，中原几无可御敌之兵，且无可以充饷之粮。”意思是“如果任由鸦片泛滥成灾，将会导致不堪设想的灾祸。几十年之后，中国就没有能够打仗的士兵，更无处筹集军饷了”。

看到这种情况，道光皇帝就派林则徐为钦差大臣，前往广州禁烟。林则徐来到广州后，马上开展活动。先是整顿海防，然后着手打击鸦片贩子。他命令外国商人在三天之内交出所有鸦片，并且保证永远不再向中国贩卖鸦片。在给外国商人的信中，他坚决地写道：“若鸦片一日未绝，本大臣一日不回。”在林则徐的严查下，英国、美国等商人上缴了 2 万箱鸦片，共计 237 万千克。

趣闻联播

从外地调来的林则徐如何知道广州走私鸦片的情况？

1839 年，林则徐从北京出发，赴广州禁烟。初来乍到的林则徐，要做的第一件事，就是搞清楚鸦片走私究竟是什么样子。原本，查禁鸦片这项工作一直是地方官和差役胥吏们在做，但外国人在当地经营多年，早就和他们穿起了一条裤子。一个来自中央的钦差，根本无法得到准确的情况。为了弄清鸦片走私的现实，林则徐想出了一个办法。他召集了当地粤秀书院、越华书院、羊城书院三大书院 600 多名学生来考试，这场考试的内容根本不是传统的八股文，而是关于鸦片的问卷调查。据史料记载，考题只有 4 道，分别是：鸦片集散地及经营者姓名、零售商、过去禁烟弊端、禁绝之法。学生们面对“考试”，自然是知无不言言无不尽，很快学生们就写好了洋洋洒洒的文章。

通过这场考试，林则徐获知了所有的烟商名单和储藏鸦片的地点，迅速掌握了禁烟运动的主动权。

1839 年 6 月 3 日，林则徐把缴来的鸦片集中在虎门海滩上，他让士兵在海滩上挖两个大池子，每个池子前挖有一个涵洞，直接通向大海。然后在池中加上食盐，把捣碎的鸦片投进池中，浸泡半日，再投入生石灰。当生石灰将池水煮沸后，就把鸦片销毁了。退潮时，士兵打开涵洞，池中的水随着上涨的海水一起流进大海。就这样，林则徐在虎门海滩上整整焚烧了二十多天鸦片，直到 6 月 25 日才全部销毁干净。

销毁鸦片的时候，广州人民纷纷前来观看，当时还有很多外国人也看到这种情景，他们为林则徐的禁烟决心所震撼。林则徐虎门销烟，展示了中华民族反抗外来侵略的坚强意志。

三、你知道陈连陞和他的战马吗?

在中国人心中，马是十分通人性的动物，自古以来就有“老马识途”“一马当先”等成语。在鸦片战争期间，就有这样一匹马，凭借对主人的忠诚而名扬天下。它的主人是清朝抗英守将陈连陞（shēng）。1839 年，英军兵分三路，进攻虎门第一重门户——沙角炮台和大角炮台。陈连陞奉命镇守沙角炮台，双方相持数个回合。英军见久攻不下，于是绕道江口悄悄登陆，与从陆地上赶来的部队里应外合夹击陈连陞的守军，陈连陞在敌众我寡的情况下毫不畏惧，抽出腰刀，骑着战马，冲入敌阵，众士兵随之而上，肉搏正酣，敌炮飞来，陈连陞胸部不幸中弹，坠马倒地，壮烈牺牲。其子陈长鹏见状，悲愤中跃杀数敌，身伤十余处，最后投海殉国。

陈连陞父子牺牲后，英国人为了炫耀自己的战功，就把他的坐骑掠到了香港，想要驯服这匹战马。但此马不吃不喝，不管谁靠近它，它就扬蹄踢击，甚至英军拿刀砍它，都无法使它低头屈服。后来英国的士兵没有办法，就把这匹马流放到当时香港的一座荒山上。到了这座荒山之后，这匹通人性又有气节的战马，连山上的草都不吃。它每天朝着虎门炮台的方向悲声嘶鸣，直到有一天终于撑不住，这匹马才因绝食而亡。因为人们十分敬重这匹战马的气节，所以赞颂它为“节马”，并为它设立雕像。

四、你知道中英街的由来吗？

在今天的经济特区深圳，有这样一条特殊的街道。它的长度仅有 200 米，在晚清的时候同时归两个国家管辖，呈现出“一条街道，两种风景”的奇特历史景观：街道沿着中线被分割开来，一侧是英国殖民统治下的香港街景，商铺林立，行人摩肩接踵；另一侧则是清朝随处可见的落后景象，偶有三两农民扛着锄头从田间归来。在清朝管辖的半边儿，负责维持治安的是带刀的巡捕；在英国的地界，维持治安的则是警察。伫立在中英街的街头，看着两种截然不同的景象，仿佛有一种穿越时光的错愕感。是哪些因素造就了如此独特的“中英街”呢？其实，中英街的变迁，记录了中国在近代史上蒙受的屈辱，也见证了“一国两制”方针的伟大实践。

中英街的历史，最早可以追溯至清朝晚期。中日甲午战争（1894 年）后，日本凭借《马关条约》，从中国获得了巨大的利益。其他列强纷纷表示，就连日本这个巴掌大的国家都能在中国占到这么大的便宜，那我们也要来分一杯羹。于是，列强掀起了瓜分中国的狂潮，“日不落帝国”英国自然也不甘人后。在第一次鸦片战争期间，英国就已经凭借《南京条约》，割占了香港岛。到了第二次鸦片战争的时候，英国凭借《北京条约》，割占了九龙司地方一区。1899 年 3 月 18 日，清政府和英国政府按中英《展拓香港界址专条》，完成了沙头角勘界，沙头角被分割成“华界”与“英界”（亦称“港界”）两部分。从此，沙头角居民被迫分隔于街道的界碑两边，中英街由此形成。目前，中英街保留有 8 块界碑，1 号界碑到 7 号界碑的距离约 430 米，8 号界碑在关口桥下，现已被淤泥埋没。1 号界碑埋设在中英街环城路的顶端，也就是现在中英街历史博物馆广场警世钟旁，是当年勘界的起点。2 至 6 号界碑沿中英街中线，即街心位置布置，各碑之间相隔 30 米至 101 米不等。7 号界碑在中英街关口内的全国重点文物保护单位的大理石石碑旁。1997 年 7 月 1 日，随着香港的回归，中英街也由一街分治变成一街两制。

现实直通车

第一次鸦片战争期间，中国战败，签订了中国近代史上第一个丧权辱国的条约——《南京条约》，中国开始沦为半殖民地半封建社会。如今，中国已成为世界经济发展的重要推动力量。在实现第二个百年奋斗目标之际，作为当代的青少年，必须做到以史为鉴，勿忘国耻，努力学习科学文化知识，为实现中华民族的伟大复兴贡献自己的力量。

第二节 英法联军，侵略中国

第一次鸦片战争过后，清政府不得不背负着领土主权丧失之痛。而此时的西方资本主义国家为了进一步扩大海外市场，再一次把焦点集中到大清王朝。清政府是如何应对的？最后的结局又是怎样的？带着这些疑问，让我们一起走进第二次鸦片战争。

一、第二次鸦片战争和鸦片有关吗？

1.“六不将军”叶名琛

提到第二次鸦片战争，有一个人物是绕不开的，那就是叶名琛（chēn），他被当时的外交家薛福成称作“六不将军”，即不战、不和、不守、不死、不降、不走。为什么叶名琛会有这个奇特的称呼呢？

叶名琛，湖北汉阳人，家中长子，为人孝顺、学习成绩优异，仕途顺畅。他26岁中进士，38岁升为广东巡抚，后任两广总督。他能晋升如此之快，一方面得益于他在所任职的地区管理得当、治理有方，另一方面因为他非常受道光皇帝的器重。在1854年，英国、美国、法国公使共同会面叶名琛，商谈修改条约的决议，使得叶名琛面临着越来越多的困难和挑战。中美《望厦条约》和中法《黄埔条约》中都有规定：在条约期满12年后，签约双方可以进行商议修改。在英国和清政府签订的《南京条约》中没有这样的规定，但是英国没有善罢甘休，借助《虎门条约》中的片面最惠国待遇原则，要求清政府在给予法国、美国经济优惠时，英国可以享有同样的待遇。《虎门条约》中的规定仅仅涉及通商层面，英国却对其故意曲解。为什么英国迫切地想要修改《南京条约》呢？主要是英国想要获得更多的销售市场，谋求更多的利润。当时中国的老百姓对英国的商品不太感兴趣，于是英国政府希望借助修改条约使鸦片贸易波及更广，扩大在中国的商业圈。面对英、法、美三国代表的无理要求，叶名琛果断回绝，导致交涉受阻。

为此三国代表又转战上海，本想可能有转机，但咸丰皇帝态度坚定，坚决不给他们可乘之机。这下英、法、美三方代表感到非常焦躁、愤怒，认为外交谈判已无济于事，便把发动战争提上日程。通过制造“亚罗号事件”和“马神甫事件”，他们为发动战争找到借口，再次磨刀霍霍。

1856 年 10 月 8 日，广东水师在广州黄埔港巡查时发现一艘名为“亚罗号”的中国走私船，当即把船上有关联的 12 名海盗和船员抓捕拘留。这件事情传到英国驻广州领事巴夏礼的耳中，他故意挑起冲突，谎称“亚罗号”是英国船，并且中国官员在捉拿走私嫌疑人时撕扯英国国旗，有损英国声誉。他表现强硬，要求释放被捕人员，同时让清政府向英方表达歉意。面对英政府的咄咄逼人之势，叶名琛生怕事件闹大，做出退让，就把 12 名船员释放了。但是英方也没有就此罢休，不久英军袭击珠江口，战争正式爆发。法国也借口“马神甫事件”发动对华战争。马神甫即马赖，是法国巴黎外方传教会派遣到中国的传教士。1853 年来华后，他违背条约，私自到广西西林县传教。他吸收的教众良莠不齐、行为不端，与当地民众产生冲突。1856 年年初，西林知县张鸣凤令马赖离境，马赖未予理会，张鸣凤遂于 2 月下旬将马赖与两名教徒处死。此即“马神甫事件”，或称“西林教案”。事件发生后，法国以此为借口，决定出兵中国。战争起初，叶名琛号召广东军民奋力抵抗，击退英军。但是 1857 年 12 月，英法联军集结舰队 20 多艘，海陆军共 5600 多人，向广州进军。此时广州的清军因精锐被调走镇压太平天国而整体实力萎缩，皆是残兵余部，珠江口的炮台所剩无几，广州危在旦夕。那么叶名琛如何回击呢？因为他十分迷信，通过“占卜”坚信“十五日后便无事”，所以他不做任何应战准备，使得英法联军轻而易举地攻占了广州城。被俘时，叶名琛身着朝服，端坐在总督府中。后来，叶名琛被流放到印度的加尔各答，他自备干粮，不食用侵略军的餐饭，最终在 1859 年绝食而死。回首过去，叶名琛不战、不和、不守体现了封建士大夫的保守和傲慢，不死、不降、不走也说明了他的正直，“六不将军”的个人悲剧是时代的映照，是封建阶级无力反抗外敌的回声。

2. 英法再次发动侵略战争

英法联军攻破广州后，又将目标瞄准了天津，设法攻占大沽炮台来达到目的。此时的清朝统治者早已坐立不安，派著名将领僧格林沁赶往天津阻止侵略者进一步向北侵袭；同时派大臣议和，希望借此能够使局面得到缓和。1858年，英、法两国为了谋求更多的特权和利益，联合美、俄与清政府分别签订了《天津条约》。该条约规定：外国公使可以进驻北京，增开多处通商口岸，外国人可以在内地传教，还允许鸦片贸易合法化。

《天津条约》并没有使侵略者满意，英、法两国以换约为借口来谋取更多的利益，派领军队攻打大沽口。侵略者万万没想到，这次清军配合得当，英勇善战，打击了英法联军的进攻。英法联军没有马上撤退，而是再次聚集2万多人，配备几百艘战舰，再次攻打大沽。1860年7月大沽失陷，8月天津失守，9月英法联军侵入张家湾，占领通州。9月21日，清军与侵略军在八里桥展开了一场殊死搏击，因双方实力对比悬殊，清军以失败告终。

次日，咸丰皇帝在亲信大臣载垣、端华、肃顺等人的随扈下逃往承德避暑山庄。10月初，英法联军兵临北京城下。与此同时，英法联军已经对圆明园进行了野蛮的洗劫。

圆明园融合中西园林艺术风格，收藏的奇珍异宝和珍贵的文物典籍不计其数，成为举世闻名的园林。从10月6日开始，英法联军对圆明园进行了明火执仗的抢劫和蹂躏。联军官兵抢劫园中各种珍藏，持续多日，无数双肮脏的手伸向了圆明园的每一个角落，所有能够拿走的珍宝全部被带走，拿不走的被粗暴地毁坏。在将圆明园洗劫之后，联军头目詹姆斯·布鲁斯宣称，为了体现对清朝的惩罚和报复，决定将那辉煌的避暑行宫烧成平地。从10月上旬开始，在这座被称为“万园之园”的美丽园林中，英法联军进行了大规模、有组织的纵火，将那些凝聚着人类智慧和心血的优秀建筑付之一炬。

在焚掠圆明园后，联军还威胁焚毁城内宫殿，逼迫奕䜣等答应其侵略要求。在俄国使臣伊格纳切夫的劝诱下，奕䜣被迫签订了《北京条约》，清政府赔偿英法军费共1600万两白银，开设天津为商埠，割占九龙司地方一区给英国。《北京条约》大大加深了中国的半殖民地化程度。

二、十二兽首回归的背后有哪些故事？

英法联军在攻占北京时，毁坏和掠夺了圆明园的许多奇珍异宝。随着中国综合国力的逐步提升，圆明园中比较有价值的文物也慢慢回归，这里以十二兽首为代表介绍给大家。十二兽首坐落在圆明园的海晏（yàn）堂，在石阶的南北两旁，以十二生肖顺序依次摆放。十二兽首制作精美，由名贵的金属加工而成，历经百年不锈蚀。1860 年，英法联军烧毁圆明园，自此十二兽首下落不明，后来八只兽首通过各种方式慢慢回到祖国，还有四只不见踪影。2000 年，牛首、虎首、猴首回归祖国。2003 年和 2007 年，何鸿燊（shēn）分别购得猪首和马首，并正式捐赠给国家。2013 年，法国皮诺家族赠予中国鼠首和兔首。2018 年，一位中国台湾的华人拍得龙首铜像。十二兽首是中华民族几千年文化的承载者，其价值无法用金钱来衡量，期待流失在外的兽首早日回到祖国怀抱。

人物小史

郎世宁（1688—1766），意大利米兰人，1715 年，被派遣来中国传教。1721 年郎世宁进入皇宫如意馆担任宫廷画师，历经康熙、雍正、乾隆三朝。他的画风兼具国画和西洋画特色，受到统治者的称赞和褒奖。

乾隆皇帝对法国凡尔赛宫大水法建筑极为推崇，于是在修建圆明园时，命郎世宁参与了圆明园长春园欧洲式样建筑物——西洋楼的设计工作，著名的十二兽首铜像也是出自他手。

在郎世宁创作的《圆明园西洋楼铜版画》中，可以看到，这座西洋花园分为谐奇趣、万花阵、养雀笼、方外观、海晏堂、远瀛观、大水法、观水法、线法山、线法画十座建筑。谐奇趣建于 1751 年，作为首座欧式水法殿宇，内设中西样式乐器，楼外设有各种铜制动物组建的喷泉，仿佛置身仙境一般。

方外观坐北朝南，为二层西式洋楼，上下各三间，楼为大理石贴面，加刻回文装饰，乾隆期间为香妃做礼拜的地方。此外，比较有代表性的是西洋毯、西洋借光镜、伊斯兰教石碑、西洋通景画等。

郎世宁还绘制了《雍正十二月行乐图》，这幅作品描述了雍正皇帝一年里在圆明园中生活的场景，分别为正月观灯、二月踏青、三月赏桃、四月流觞（shāng）、五月竞舟、六月纳凉、七月乞巧、八月赏月、九月赏菊、十月画像、十一月参禅、腊月赏雪等多姿多彩的宫廷生活。

史海泛舟

海晏堂

长春园北部有一片欧式园林，俗称“西洋楼”，海晏堂就是其中一处景观，始建于乾隆二十四年（1759 年）。

海晏堂由正楼、“工”字蓄水楼及周边喷泉群组成，是西洋楼景区最大的一座建筑。正楼朝西，楼门前左右有弧形叠落石阶数十级，环抱楼下喷泉池。池略呈菱形，池中心有座圆形铜喷水塔。喷泉池的东沿正中高耸一尊巨型石雕贝壳形番花，内安涡轮喷水机。石贝壳前下方八字形高台上，分列十二只人身兽头雕像，南边从内向外依次为鼠、虎、龙、马、猴、狗，北边依次为牛、兔、蛇、羊、鸡、猪，这就是俗称“水力钟”的十二生肖喷泉。十二生肖取代了西式园林常用的裸体雕像，体现了中西建筑与文化的交融。

海晏堂后的平台楼，建筑平面为“工”字形，是附近喷泉群的供水楼。工字楼两端房内装提水机械，各有三开间小屋突出于屋顶平台上。中段是蓄水楼，下边是一座大型海墁高台，台上是可蓄水 160 多立方米的大型蓄水池，其内壁包锡箔以防渗漏，俗称锡海。工字楼东部有四折盘旋石阶，可直通至主体建筑的屋顶平台。水从北侧暗沟导入东西楼下地沟内，并输入至楼顶池内，再用铜管输水至各喷泉机关。

海晏堂的设计并没有单纯模仿和照搬欧式风格，而是汲取中式园林元素，进行了中西结合的尝试。

头脑风暴

（1）第二次鸦片战争失败，清政府被迫签订《天津条约》和《北京条约》，这对中国产生了怎样的影响？

（2）圆明园在第二次鸦片战争中被烧毁，你如何看待这件事，给了你哪些启示？

（3）十二兽首正在逐渐回归祖国，这说明了什么现象？

（4）对比第一次鸦片战争和第二次鸦片战争，找出相同点和不同点。

第三节　黄海悲歌，甲午战争

经过两次鸦片战争，清政府和国人还可以自我安慰：打败我们的是欧美强国。三十几年后，我们一衣带水的邻国，长期以中国为师，之前并未被放在眼里的日本也打败了我们，这就是中日甲午战争。

说到日本以中国为师，大家有没有想到哪些典型的事例？例如和服、日本文字、书法、木结构建筑、城市规划等，这些都是日本从中国学习的。646 年，在学习唐朝政治、经济制度的基础上，日本进行大化改新，发展成为一个中央集权制的封建国家。近代历史上，日本为什么要对清朝发动侵略战争呢？

一、作战勇敢的北洋水师为何失败？

1. 昔日学生“顶撞”老师

从鸦片战争起，日本人就对中国的遭遇忧心忡忡，他们当时也和清朝一样实行闭关锁国政策。1853 年，美国海军准将马修·佩里率 4 艘黑色的蒸汽船，敲开了日本幕府将军的大门。第二年佩里再来时，就逼着日本签订了不平等条约。在接下来的发展道路上，日本不再紧随清朝的步伐，因为他们找到了新的老师——正处于上升期的欧美国家。做出这样的选择，除了清朝的命运让日本感同身受之外，还与佩里第二次来时送的礼物有关。

礼物之一：1/4 大小的微型火车头，1 段铁轨，加煤车和客车车厢各 1 节。

礼物之二：1 台带电池的电报机，3 英里[①] 长的电报线以及其他相关附件。

这两样礼物是向日本展示美国两次工业革命的成果，显示其科技大国的地位。

礼物之三：美国标准度量衡系列器具，4 卷国会编年史，纽约州法律和官方

---

① 3 英里约合 4.8 千米。

文件集，纽约州参议院年鉴，以及其他法律和政府管理方面的书籍。

这是直接向日本展示西方制度的文明。

礼物之四：5支霍尔来复枪，3支梅纳德步枪，12把骑兵剑，6把炮兵剑，1把卡宾枪和20把装的手枪1箱。

这是用军事实力直接威胁日本。

面对民族危机，日本进行了明治维新运动，国力迅速上升，率先摆脱了被殖民的命运。与此同时，他们也选择了和欧美一样的方式，开始进行侵略扩张。明治政府制定了旨在征服中国和世界的“大陆政策”：第一步侵占中国的台湾；第二步征服朝鲜；第三步侵占中国的东北和蒙古；第四步征服全中国；最后独占亚洲，称霸世界。也就是说，日本刚刚强大，就把中国当作了进攻的目标。

要实施这样的计划，当然要做先期的准备。除了扩军备战，日本还非常重视情报工作。我们总说“兵马未动，粮草先行”，而日本是“兵马未动，‘间谍’先行”。早在1884年，就有日本间谍来到中国进行谍报活动。到1896年，他们的足迹几乎遍及全国各省。他们中的很多人学习汉语，梳清朝男子的辫发，还要在日常生活中训练自己不能因为中日习俗的差异暴露身份。这些间谍的活动，证明了日本侵华是蓄谋已久的。

1894年，也就是中国农历的甲午年，日本以国运相赌，借朝鲜为镇压东学党起义而向清朝求援之机，出兵朝鲜。起义平息之后，日本继续增兵。7月，日军在牙山[①]口外的丰岛海面上袭击了清军运兵船，挑起了战争。

哇！原来是这样

1894年6月22日，平息朝鲜东学党起义之后，为了达成从朝鲜共同撤军的方案，日本与朝鲜已经谈判了近20天。日本政府不仅没有撤退军队，反而决定增兵。

当时中国驻日公使汪凤藻拿到了一份长长的“决不撤军”的照会[②]，并且一反常态地翻译成了中文。被谈判搞得焦头烂额的汪凤藻，无暇顾及日本外务省这一反常的举动。

---

① 今韩国西岸城镇，临近首尔。

② 国际交往的书信形式，是对外交涉和礼仪往来的重要手段。

此时北京的总理衙门和天津的北洋大臣李鸿章，都在焦急地等待着日本方面的消息，汪凤藻将“绝交书”交给了译电员，用密码电报拍发回国。

当时还没有无线电报，各国的密电都是译成密码后交电报局拍发。这次，日本人拿出了自己写的中文版的“绝交书”，与抄录下来的电报副本略加对比，中国的密电便现出了原形。

日本人不动声色，不仅掌握了中国驻日使馆与国内的全部通讯内容，而且从中截获了大量军事情报。而清廷毫无察觉，整个战争过程一直未改密码，以致在马关谈判期间，清廷与李鸿章的往来密电也被全部破译。

甲午战争中，中日两国海军实力相差无几，但日本舰队总是能在合适的时间和地点集结优势兵力，除了陆上的情报人员之外，应该也与此密码的泄露有相当关系。

2.“一字长蛇阵”对战“大雁阵”

陈旭麓先生在《近代中国社会的新陈代谢》一书中曾经说过：“甲午战争，是中国历史上第一次在形式和内容两个方面带有近代意义的对外战争。”其主要标志是近代化海军的登场与较量，决战就是黄海海战。

黄海海战发生在1894年9月17日中午12点多，到下午5点30分，5个多小时的鏖（áo）战，不仅决定了北洋水师和日本舰队的命运，还决定了战争全局。

当时清军共有10艘战舰，日军有12艘，在数量上日军只是略占优势。而且在清军的10艘战舰里，从德国定购的“镇远”“定远”两艘主力舰曾访问日本，日本国内由此出现一句流行语“一定要打败‘定远’”，当时日本儿童也玩起了打击“镇远”“定远”的游戏。可见这两艘军舰对日本的震慑作用。

北洋水师的官兵也很英勇。黄海大战刚打响，旗舰“定远”舰的木桅杆就被击中，正在飞桥上指挥作战的水师提督丁汝昌被摔成重伤，他不顾个人安危拒绝进舱安养，只将伤势稍作处理，始终坐在甲板上坚持战斗。作为北洋舰队的核心，“定远”“镇远”两舰上的全体将士作战极为勇猛。在“镇远”舰上参战的美国人马吉芬亲眼看见正在瞄准的炮手中弹身亡，爆碎的骨片飞到附近人的身上，其他炮手毫不惊惧，只是将死去炮手的尸体移开，另一人立刻站到原来炮手的位置上，继续瞄准射击。“经远”舰遭受敌方四艘军舰围击，管带（舰长）林永升沉着指挥，直至中弹身亡。之后，大副、二副也相继阵亡，军舰陷入群龙无首的困境。但是全舰将士仍然坚守岗位，直至被击沉。在军舰下沉的过程中，炮手仍持续开炮。全舰200多人，除16人获救外，全部壮烈殉国。当然，最有代表性的还是“致远”舰管带邓世昌。下午3点10分，一颗由日本军舰发射的烈性炸药炮弹命中旗舰“定远”舰，引起猛烈的火灾。下午3点30分，“定远”舰整个前部被烟雾笼罩，主炮全部无法瞄准发射。日舰借机集中火力围攻这艘北洋水师的灵魂军舰。千钧一发之际，从“定远”舰左侧冲出一艘巡洋舰，突出阵列和日军拼杀，以此掩护旗舰。这就是“致远”舰。最终，“定远”舰转危为安，“致远”舰却遭到了重创。接下来，邓世昌高呼：“我们这些人参军保卫国家，早将生死置之度外，今天的事，不过是以死报国罢了！”他指挥舰体重伤、行将沉没的“致远”舰，毅然冲向前方的日本最新锐的军舰“吉野”，做出生命终止前的最后一搏。下午3点33分，“致远”舰不幸爆炸沉没。但它顶着日舰疯狂的炮火，毅然冲锋的过程，成为中国近代海军史上一段最壮烈的征程。舰沉之后，邓世昌落入海中。亲兵递送来了救生圈，他却用力推开。鱼雷艇赶来相救，他也没有回应。连他平时最爱的“太阳”犬也来试图救助主人，它先是衔起主人的手臂让他不至于溺水，被训斥后又去衔主人的发辫。最后，邓世昌决然地抱住爱犬，与自己的军舰一起沉入海中，为的是保持一位中国海军舰长的操守。这一天，刚好是他45岁的生日。

黄海海战的结果是清军10艘军舰中有5艘被击沉，余下的5艘损失惨重。而日舰则未失一艘，只有5艘遭受重创。

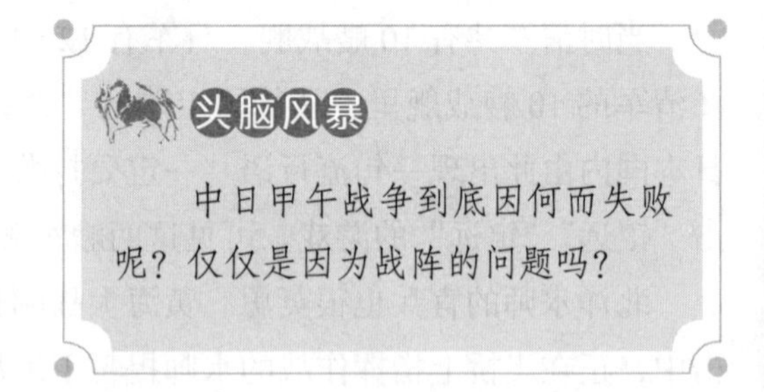

大家可能有疑问：有这样的舰队实力，有这样英勇的将士，为什么北洋水师还会惨败呢？

咱们就从战术的角度来看一看。当北洋水师遭遇日舰时，丁汝昌下达作战指示：以“大雁阵”对抗日军的“一字长蛇阵”。大雁阵呈人字形，在丁汝昌的要求下始终以舰首面向敌人。按照一般人的设想，舰首向敌不正好可以用前面的重炮轰击敌军的战舰了吗？然而这和对于严格要求机动性和火力有机结合的海军作战方法是背道而驰的。海战讲究的是充分利用舰首炮、舰尾炮和舷炮，集中三处最大火力进攻对手，这在舰首向敌的情况下很难做到。

而且，日军一开始就进攻右翼，北洋水师的左翼舰船势必右转以保证舰首向敌。除了右翼最外沿的军舰，其他军舰因为被己方军舰遮蔽，导致无法射击，整体攻击性势必降到最低。另外，越是远洋航行的军舰，转向幅度就越大。而且1888年以后，北洋水师从未增添过任何新式军舰，一些军舰在速度、火力上都落后于日方。1893年，丁汝昌申请为所有主力军舰更换锅炉，也未获批准，朝廷提供给这些理应报废锅炉使用的燃煤，还是极为劣质的碎煤。靠着这样的装备，北洋水师在海战时能获得怎样的机动能力呢？1891年，甚至连仅有的一点儿海防经费，也被慈禧太后挪作兴修颐和园，停止购买枪炮弹药。当年购买军舰时配套购回的开花炮弹数量稀少，储存年代久远，可靠性大成问题。国产的普通开花弹产量小，质量也不过关，有大小不合炮膛的，有铁质不佳、很可能炸膛的。“定远”“镇远”所配备的巨炮是整个舰队中威力最大的武器，但是在黄海海战中，一个半小时开花弹就被使用一空，剩下三个多小时里，只能发射根本不会爆炸的实心弹。

史海泛舟

日本天皇在1887年拨出个人的私房钱30万日元支持海军发展。1893年日本天皇下令节省内廷经费，每年拨30万日元作为造舰经费；还下令文武官员一律直接提取薪水的1/10作为造舰军费；同时，日本国民纷纷捐款，仅半年时间筹款就达到了200多万日元。

日本针对“定远”“镇远”两舰，专门设计了航速、主炮口径更大的“松岛”“严岛”“桥立”三艘大型船舰。1893年日本又从英国手里购买了当时世界上最快的巡洋舰——“吉野号”。

二、甲午海战后，民族危机为何空前严重？

1. 万忠墓下埋忠骨

“万忠墓”原本不叫这个名字，而是叫“清军将士阵亡之墓”。1896年11月，清政府派官员顾元勋接收旅顺。顾元勋出面主持建立此墓，亲自题写了“万忠墓”三字，被刻在一块石碑上。墓中所埋葬的，是惨死在日本帝国主义屠刀之下的2万多无辜同胞，其中大多是手无寸铁的平民。那为什么之前（1895年）要叫“清军将士阵亡之墓”呢？其实，这不过是当时日军掩人耳目的伎俩罢了。

1894年，日本侵略军攻占旅顺口之后，制造了震惊世界的旅顺大屠杀惨案。许多亲历者和目击者尽其所能地记述了本次惨案的真相。包括欧美各国武官的报告、西方平民的经历、西方新闻记者的报道、旅顺大屠杀的幸存者的控诉，甚至日本间谍的日记都鲜明地披露出，正是日军第一师团长山地元治中将亲自下令制造这起惨案的，指令中明确到“抓住非战斗人员也要杀掉”。

在铁证如山的情况下，就连原先支持过日本发动这场侵华战争的西方人士也难以为他们辩护了。英国知名的法学权威胡兰德博士就是其中之一。旅顺大屠杀惨案发生后，他非常尴尬，因为他从战争一开始就时常赞扬日军是文明之师。为了避免名誉扫地，他不得不在自己的著作里明确表态，证明日军在旅顺一连四天进行了野蛮的大屠杀，被屠杀者包括非战斗人员、妇女和儿童。他还表示听说当时在场的欧洲军人及特约通信员，目睹这样的暴行，却无能为力。能够幸免于难的中国人，只剩下36人，还是因为日军需要驱使他们掩埋同胞尸体而被留下的。他们的帽子上有“不要杀掉这个人”的标记，才避免一死。

日军骇人听闻的野蛮暴行，引起了世界正义人士的强烈谴责。他们指责日军披着文明的外衣，实际却是长着野蛮筋骨的怪兽。

2. 从“青泥洼”到“达里尼”再到“大连”

看到题目中这三个地名，你有什么联想呢？显然，我们最熟悉的是最后一个——大连。“达里尼”从发音上来说，像是“大连”的转音，又像是俄语发音。“青泥洼”则彻头彻尾是中国民间的说法。这三个地名其实指的是同一个地方，这样的排列顺序和大连发展历史上的重要事件可分不开呢！

唐代，大连湾以青泥洼渔村为中心，被命名为“青泥浦”。明清时改称“青泥洼”。1879年，李鸿章在上奏给光绪皇帝的折子中，把大连周围二十多个小岛合围的海湾统称为大连湾。

在《马关条约》中，关于割地的条款本来还应包括辽东半岛。条约签订后，沙俄[①]联合法国、德国迫使日本放弃辽东半岛，日本则向清政府索取了白银3000万两作为“赎辽费”，史称“三国干涉还辽”。以此为切入点，列强掀起了瓜分中国的狂潮。其中，沙俄为了取得与其领土相连的太平洋上的不冻港[②]，强租旅顺口、大连湾，并以俄语“达里尼”（意为“远方”）命名，开辟自由贸易的商港。沙皇敕令发布后，中国人仍称该地为青泥洼。1904年，沙俄在日俄战争中战败，将辽东半岛租借权转让给日本，该地改称大连，青泥洼一带建设成为商业区。1945年，抗日战争胜利，苏军根据雅尔塔条约进驻大连。1955年，苏军将大连转交中国管理至今。

在民族危机刺激之下，仁人志士们开始寻找救国之路。康有为、梁启超选择了变法维新之路，孙中山选择了民主革命之路，张謇（jiǎn）选择了实业救国之路……中华民族群体意义的觉醒由此而开始。

现实直通车

2012年，中国第一艘航空母舰“辽宁舰”正式交接入列，正式开启中国航母时代。2019年，中国第一艘国产航空母舰“山东舰”交付海军。与北洋舰队做对比，你能说说发生了哪些变化吗？

思维引领

清朝虽有北洋舰队，但慈禧太后不惜挪用海军军费来大搞自己的万寿庆典。在中日甲午战争中，李鸿章在北洋水师主力尚存的情况下却下令避战保船，丧失了制海权，最终，北洋舰队全军覆没。清政府在中日甲午战争中失败，原因是当时国力衰弱，统治者腐朽无能。

---

① 俄罗斯帝国，1721—1917年，俄罗斯最后一个君主制国家。

② 冬季不会结冰，船舶能正常进出的港口。

中华人民共和国成立后，国防和军队建设成就巨大，武器装备先进，军队战斗力大大增强。中国的综合国力不断提升，国际地位不断提高。

参考文献

[1] 吴义雄．鸦片战争前的鸦片贸易再研究 [J]．近代史研究，2022（2）：50-73.

[2] 陈文浩．“鸦片战争”还是“白银战争”？ [J]．中国图书评论，2011（1）：64-67.

[3] 严中平．英国资产阶级纺织利益集团与两次鸦片战争史料（上）[J]．经济研究，1995（1）：64-72.

[4] 茅海建．第二次鸦片战争时期清军的装备与训练 [J]．近代史研究，1986（4）：14-30.

[5] 蒋孟引．第二次鸦片战争 [M]．北京：生活·读书·新知三联书店，2009.

[6] 李治亭．清史（下卷）[M]．北京：人民文学出版社，2020.

[7] 戴逸．中国近代史稿（第一册）[M]．北京：中国人民大学出版社，2018.

[8] 王先明．中国近代史（1840—1949）[M]．北京：中国人民大学出版社，2020.

[9] 倪玉平．晚清史 [M]．北京：人民出版社，2020.

[10] 牛秋婷．叶名琛：唱着虚骄、懵懂的时代悲歌 [J]．边疆经济与文化，2011（7）：64-65.

[11] 刘兴豪．报刊舆论与近代中国政治：从维新变法说起 [M]．北京：中央编译出版社，2011.

[12] 马勇．维新：戊戌变法的尝试与失败 [M]．北京：新星出版社，2020.

[13] 吴晗．中国历史常识 [M]．长沙：岳麓书社，2021.

[14] 李侃，李时岳，李德征，等．中国近代史（1840—1919）[M]．北京：中华书局，1994.

[15] 江城．历史深处的民国 [M]．北京：华文出版社，2014.

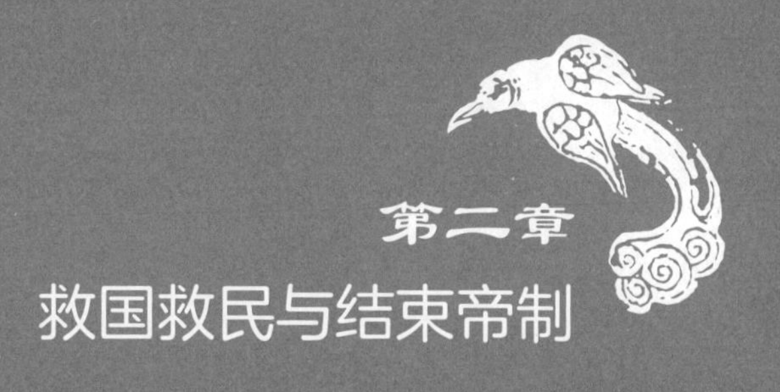

第二章
救国救民与结束帝制

第一节　反抗清朝，金田起义

《阿长与〈山海经〉》是鲁迅的一篇回忆性叙事散文，保姆长妈妈常对“我”讲“长毛”的故事。“长毛”究竟是什么人？这个名字是如何得来的？让我们带着这些问题一起走进金田村，走进与清政府划江而治的农民政权。

一、洪秀全为什么在广西金田发动起义？

洪秀全原本是一个读书人，想通过科举考试进入官僚阶层。公元 1837 年，23 岁的洪秀全第三次参加广州的院试，遗憾的是，他又落榜了。也就是说，他连个秀才的身份都没有。屡试不第的他，内心焦躁，加上舟车劳顿，一回到家，就病倒了。他昏睡不止，休息了 40 多天，方才缓过神来。洪秀全没有就此认输，他一边在私塾里教学，一边准备第四次考试。就在洪秀全认真准备考试的时候，他的远房表兄李敬芳从书堆里找到了一本小册子——《劝世良言》。放在以前，想求取功名的洪秀全自然不会关注这本小册子，当时他经历多次科考打击，加之李敬芳的极力推介，虽然这本小册子编译得不算高明，但对正在解慰寂寥、寻找出路的洪秀全，如荒漠中的甘泉。《劝世良言》传播的是基督教新教的教义，反对偶像崇拜，这种反权威的思想在洪秀全的心中留下深深的烙印。很快，他就创立了“拜上帝会”，并和同学冯云山一起前往广西传教。到了 1851 年，广西地区闹灾荒，当地的人民实在过不下去了，于是洪秀全带领他们在金田村发动了起义。

为什么洪秀全不在家乡广州而是在广西金田发动起义呢？那是因为金田所处广东、广西的交界处，还是汉、壮、瑶族混居的地方，清政府统治的力量比较弱。再加上当时广西闹灾荒，人们反清的情绪比较大，于是洪秀全就在金田村发动了起义。

1851 年 1 月 11 日，也就是洪秀全 38 岁生日这天，金田村“万众欢腾”，蓄发易服，誓师起义，建号“太平天国”，洪秀全称“天王”。太平，是中国老百姓对安定社会的追求。太平天国的目标是：消灭人间的阎罗妖[①]，实现“天下一家、共享太平”的理想。太平军按照当时中原地区的习俗留起了长发，因此被清政府称为“长毛”。

从春天到盛夏，太平军一直在金田紫金山一带与清军展开拉锯战，最终太平军决定放弃金田向北推进。永安城下，太平军让马拖着装有石头的篮子绕城飞奔，又燃放许多烟花爆竹，虚张声势。1851 年 9 月 25 日，太平军一举攻克永安州，首次占据城市。在永安期间，太平军整饬（chì）军纪，清除内奸，分封诸王——东王杨秀清、西王萧朝贵、南王冯云山、北王韦昌辉、翼王石达开。天国按照周礼，设置了各级官职，颁布新历法——太平历，与此同时，太平天国正式向全国发布檄文，计划北上，号召全国人民推翻清政府；连克湖南、江西、安徽多地，于 1853 年 3 月 20 日，完全占领南京，在此建都，改称“天京”。

二、《天朝田亩制度》不能实现的原因是什么？

为了巩固政权，洪秀全在 1853 年下半年颁布《天朝田亩制度》，主张废除封建土地制度，平分土地。“凡天下田天下人同耕”，建立一个“有田同耕，有饭同食，有衣同穿，有钱同使，无处不均匀，无处不保暖”的理想社会。按照土地年产量将土地分为九等，然后以户为单位，按人口多少平分土地；16 岁以上男女分全份，15 岁以下分半份，分配的土地质量好坏各半。《天朝田亩制度》还规定，每 25 家为一“两”，设两司马（两司马是指正、副的两个司马，是最基层的官，在军统帅 25 兵），负责行政、司法、生产、分配、军事、宗教、教育等事；每“两”设国库一所，每户农民要将每年所获农产品，除留足“青黄不接”时的全家粮食外，全部充公；各家婚嫁开支、老幼抚养事宜均由国库供养。当时上海的英国报刊《北华捷报》曾对此评论：“起义政府制定的条文对整个社会中的每个成员都表现出关心，它的最基本原则是保护人民的安康，这使得那些欧洲所谓文明政府为自己的疏忽感到羞愧。”

---

① 太平天国对神仙鬼怪和封建势力的蔑称。

但是这种绝对的平均主义在实践层面有很多困难，它强化自然经济结构，遏制商品经济，维护划一而低下的生活水平，势必同社会发展的客观趋势背道而驰，侵害一些农民的利益，挫伤群众的生产积极性，阻碍社会生产力的向前发展。

洪秀全攻占南京之后，便以原清朝两江总督衙门为宫殿，大兴土木，改建由太阳城、金荣殿、后林苑三大部分组成的新宫，皇宫南面修建大型广场，设“天父台”，供人登高敬天。洪秀全从这一时刻开始就走向了自己理想的背面，开始维护起自己的封建帝王梦。

三、太平天国运动为什么会失败?

1. 天京事变

即便太平天国有过辉煌，终究还是失败了。失败的原因是多重的。

攻克永安后，洪秀全分封诸王。东王杨秀清为九千岁，西王萧朝贵为八千岁，冯云山、韦昌辉、石达开顺次减一千岁。东王仅次于“万岁”天王，其他四王受东王节制。

定都天京后，杨秀清是太平天国中仅次于天王洪秀全的人物，实权在握，经常摆谱。例如杨秀清雪夜召唤诸王，人人不敢怠慢，伏地迎接，大家冻得浑身哆嗦，却迟迟不见他的人影。杨秀清夜间找洪秀全，如果天王的侍女未能及时开启威武的天王府门，杨秀清便会大发雷霆。后来，他公然假借“天父下凡”，逼洪秀全在天王府门口跪接圣旨，要求加封他为“万岁”。

此时洪秀全不愿做个名不副实的天王，他表面答应在 9 月 15 日杨秀清生日那天为其加封，随即密令带兵在外的韦昌辉、石达开返京铲除杨秀清。1856 年 9 月 1 日，韦昌辉率兵连夜赶回南京，将毫无准备的杨秀清和所属将士尽数杀死，并借机大杀异己，平民也未能幸免。石达开劝阻韦昌辉不要多加杀戮，这让韦昌辉感到自己想攫取更大的权力也会受阻，决心除掉石达开。石达开觉察到了韦昌辉的阴谋，连夜逃出天京，除他自己外，其家属都被诛杀。凶狠的韦昌辉以为政敌已去，可以横行了，甚至带兵围攻天王府。洪秀全断然下令讨伐，将士一心，诛杀韦昌辉，将其首级送往宁国府（今安徽宣城），迎接石达开回京辅政。这场内讧，严重削弱了太平天国的战斗力和凝聚力，太平天国由全盛转向衰落，也让清政府隐约看到了胜利的曙光。

这场“天京事变”让太平军元气大伤，一连失去几员大将的洪秀全也对其他人失去了信任，于是加封自己的两个哥哥洪仁发和洪仁达分别为安王和福王以牵制石达开。这个举动再次引起太平军将领的不满。1857 年夏天，遭忌的石达开带着最忠于他的二十万部队出走，沿途表示要继续西征，拓展太平天国的势力，从此一去不返。

头脑风暴

（1）太平天国运动是在什么背景下爆发的？

（2）分析天京事变的发生原因和严重后果。

（3）分析太平天国运动失败的原因。

2. 天京陷落

天京事变后，洪秀全个人日益消沉，完全沉湎于奢靡的后宫生活。这一时期清政府面临“内忧外患”，国内要派大军镇压太平军，对外还要对付英法联军发起的第二次鸦片战争。在清朝看来，当时西方列强对中国提出的要求，主要是经济上的诉求，还没有领土主权方面造成严重的损害，所以清政府干脆和英法勾结起来，要求一同镇压太平军、捻军和各地的农民起义。

1864 年 6 月 1 日，洪秀全逝世，李秀成辅佐洪秀全的幼子洪天贵福登基。7 月 19 日，曾国藩的湘军炸开天京城太平门，攻入城中，天京失陷。此前，太平军将士与清军短兵相接，决心与城共存亡，壮怀激烈，宁死不屈，连曾国藩也惊叹其“实为古今罕见”。破城后，清军“三日之间毙贼共十余万人，秦淮长河，尸首如麻”！ 11 月 23 日，被俘虏的洪仁玕（gān）在南昌被处死。

太平天国，这个存续 14 年、征战 18 省、攻克 600 多个城镇的农民政权，终于耗尽了最后的气力。作为中国历史上规模最宏大的一次农民战争，它沉重地打击了清朝的统治和外国侵略势力，谱写了中国近代史上壮烈的一章。

现实直通车

太平天国有自己的纲领、历史记载、独特的宗教理论，还有天历、科举制度、文字等。太平天国不仅在军事上要推翻清朝统治，在意识形态上也要推翻封建正统。运动失败后，太平天国的各种相关记录被毁，民间谈论太平天国也成为禁忌，太平天国的史事和人物被蒙上一层神秘的色彩。清王朝覆亡后，大量太平天国资料被发掘，谈论和研究太平天国的人日渐增多，太平天国史事渐渐明晰，但对其评价出现很大的分歧。

洪秀全被清朝统治者斥为“逆首”“剧寇”，太平军也成为“贼寇匪逆”。而同情、支持太平天国者，如清末革命党则称太平天国人物为“英雄”“先烈”，孙中山自称“洪秀全第二”。革命党人大力宣传洪秀全等人的事迹，甚至假托太平天国人物杜撰诗文楹（yíng）联。

中华人民共和国成立后，洪秀全被尊为“人民英雄”而受到景仰。“为国牺牲的人民英雄纪念碑”上就有参加金田起义的民众形象。

第二节 自强求富，洋务运动

清朝的康熙、雍正、乾隆几个皇帝，勤政爱民，励精图治，在历史上创造了“康乾盛世”。然而，这些政绩卓著的决策者，受到传统观念所处时代的影响，加上自身格局以及眼光见识的局限性，并没有意识到当时的世界——主要是欧美，政治、经济、科技、社会各个领域正在发生剧变，仍旧故步自封，自诩为“天朝上国”，实行闭关锁国的对外政策。这种对外政策，几乎将中国置身于世界历史潮流之外。

18 世纪中期以来，欧美资本主义经济迅速发展，对外侵扩张日益增强。19 世纪中期，英国用武力轰开了古老中国的大门，法国、美国等西方侵略势力接踵而至，中国的民族危机和社会危机日渐加深，清朝统治岌岌可危。

原先铁板一块的清朝统治集团内部发生分化，一些思想较为开明的官员逐渐认识到西方科学、技术、军事水平的先进之处，为挽救垂死中的清王朝，发起了一场以“自强”“求富”为口号的自救运动——洋务运动。这场运动轰轰烈烈，前后持续 30 多年，在中国近代历史上影响极其深远。

一、为什么洋务运动又称为“自强运动”？

清朝统治集团开始真正意识到自身的不足，是在第二次鸦片战争中。

在这场长达 4 年的战争中，最为惊心动魄的战斗，当数八里桥之战。1860 年 9 月 21 日，以 3 万名满蒙铁骑组成的清军，使用弓箭、大刀、长矛等冷兵器，对阵 8000 名拥有当时世界上最先进枪炮的英法联军。这是一场实力悬殊的封建军队与近代化军队的殊死决战。虽然参战清军从容镇定，作战英勇，奋不顾身，但终因战法、装备落后，惨遭失败。战后，据清军自己统计，损失了 3000 人，而英军仅死亡 2 人、伤 29 人，法军阵亡 3 人、伤 18 人。

为什么会这样？除了战术落后、指挥失当等主观因素外，敌我双方武器装备的巨大差距是关键因素。清军的冷兵器，如低劣的抬枪、抬炮、大刀和长矛，无法战胜英法联军手中的近代化武器，如最新发明的线膛火炮和线膛步枪。这种武器上的差距，给清朝统治集团内部，尤其是军队将领，带来了巨大的震撼。

第二次鸦片战争于 1860 年 10 月结束。此时，农民领袖洪秀全在南方建立的太平天国，仍占据富庶的江南地区，对清朝统治构成极大威胁。为了挽救危局，清朝统治者勾结外国军队一同镇压太平军，开启了中外反动势力联合镇压人民反抗的先例。在联合镇压太平军的过程中，清朝统治集团内部逐渐分化、产生出一个新的派别——洋务派，以奕䜣、曾国藩、李鸿章等人为代表。这些人都是地方或中央的实力派，他们的思想观念相对而言比较开明和激进，推崇外国先进的技术和军事，他们极力主张“师夷长技以制夷”，以挽救风雨飘摇的清政府。

1. 创办安庆内军械所——初战告捷

洋务派深知，挽救清朝，首先要有一支强大的军队，而军队的强大，离不开先进的武器装备。那时候，世界上最先进的武器装备，要数欧美列强制造的军舰、枪炮、弹药，清政府无法自己制造武器装备，就只能用大量银子去向列强购买。为镇压太平军、捻军等农民起义军，清军每年消耗的武器弹药，数量十分巨大，耗费的白银难以计数。洋务派逐渐意识到，需要尽可能地依靠自己的力量发展军事工业，仿制西洋枪炮、舰船，已迫在眉睫。

在 1861 年的时候，曾国藩指挥湘军进攻太平军占据的安庆。战前，奕䜣主张购买外国船炮，得到曾国藩的响应。后来，曾国藩进一步提出，将来要自己制造枪炮。湘军攻占安庆后，曾国藩就地成立了中国近代第一家军工厂——安庆内军械所，用来制造洋枪洋炮。他招揽了一大批优秀的技术人才为军械所服务，包括精通数学、器械制造的徐寿、华蘅（héng）芳，还有留美学子容闳（hóng）。1865 年 4 月，徐寿、华蘅芳主持并成功试造了中国第一艘轮船。曾国藩为这艘轮船取名“黄鹄（hú）号”。这是中国第一艘由中国人自己设计并建造的蒸汽轮船，全长 17 米，自重 25 吨。“黄鹄号”在长江试航，取得圆满成功，逆流行驶时速约 8 千米，返程时速约 14 千米。“黄鹄号”的成功，意味着安庆内军械所初战告捷，大大增强了洋务派学习外国先进技术以实现自强的信心。

2. 江南制造总局——中国近代重工业的雏形

江南制造总局，从其名称带有“局”字，即可知道，它带有官方背景，是官办企业。1865年，它创办于上海，由曾国藩筹划，李鸿章实际负责。曾国藩与李鸿章，不仅是师生关系，还是政治盟友，与左宗棠、张之洞同属于“晚清中兴四大名臣”（另一种说法，指曾国藩、左宗棠、胡林翼、彭玉麟）。志同道合的曾国藩与李鸿章，是江南制造总局成功创办和发展的重要因素。那时候，鉴于清朝面临的危局，曾国藩、李鸿章等洋务派已不满足于仿制西洋枪炮，要自己生产制造枪炮、舰船。早在1863年，曾国藩派遣留美学子容闳，赴美购买“制器之器”，以建设“西式机器厂”。曾国藩、李鸿章的这些想法和行动，客观上开启了近代中国工业化的进程。

1865年，曾国藩的幕僚、担任江海关道的丁日昌得知，设在上海虹口的由美国商人创办的旗记铁厂有意出售，开价白银10万两。该厂能修造大小轮船、开花炮、洋枪等。丁日昌将此事上报两江总督李鸿章。经过协商，旗记铁厂的出售价格减至6万两，其中，厂房、机器设备折价4万两，厂内积存的铜铁、木料等原料折价2万两。但是，清政府财政紧张，拿不出这么多银子收购这家工厂。

恰在此时，海关翻译唐国华因“私收陋规”被革职，总税务赫德（英国人）为他求情，说他愿意捐纳“赎罪银”2.5万两，另两名同案犯也愿意各捐纳“赎罪银”7500两。这种操作，清政府是否同意？同年9月20日，李鸿章给同治皇帝上了一封奏折——《置办外国铁厂机器折》。李鸿章在奏折中做如下辩解：唐国华案，情有可原，且以报效军需的方式“赎罪”，也有“成案可援”（此案有先例可循），况且，这次收购旗记铁厂，机会难得。结果，李鸿章所奏获得朝廷准许。这样，唐国华及同案犯捐纳的银子，合起来4万两，刚好用来支付购买厂房、机器设备的费用。另外的2万两，丁日昌答应自行筹借。于是，清政府以一种极其特殊的方式成功收购了美国旗记铁厂，与上海原有的两个洋炮局合并在一起，成立了“江南制造总局”。容闳回国后，曾国藩下令，将其在美国采购的机器全部并入江南制造总局。

在曾国藩、李鸿章、容闳等人的共同努力下，江南制造总局发展成为当时规模最大的军工企业。后来，江南制造总局在多地设立了十几个分厂，分设多个部门，有工兵近 3000 人，可大批量生产子弹、炮弹、步枪、火炮、水雷、无烟火药，甚至可以炼钢、造船。江南制造总局的设立，大大增强了清朝的军事力量，也促进了中国重工业的发展。

人物小史

容闳，1828 年生于广东香山[①]，幼年在澳门求学，后来留学美国，1854 年从耶鲁大学毕业，他是中国近代史上第一个留学美国的人。1855 年，他带着近代化的梦想回到中国，是一名非常有见识、有才华的“海归”。

容闳积极参与了江南制造总局的创建，奔走操劳，不遗余力。1864 年，他受曾国藩委托，不远万里，去美国购买机器。1865 年，容闳从纽约购回 100 多台机器，交付曾国藩。曾国藩将这些机器全部交给制造局，成为其主要设备。制造局规模迅速扩大，生产能力大大增强。1870 年，在容闳的努力下，清政府同意组织第一批官费赴美留学生，这批留学生回国后在不同岗位上为中国的现代化做出了贡献。

3. 培养大批科技、军事人才

洋务运动兴起以后，无论是军工企业，还是民用企业，都缺乏技术骨干和管理人才，只能聘任外国技师和管理人员，要支付高额工资。

在江南制造总局，早期的首席工程师霍斯，是一个美国人。他工资很高，态度傲慢，非常不利于企业长远、健康发展。洋务派意识到，中国必须培养自己的技术骨干，减少对国外的依赖。容闳提议，在制造局内部设立兵工学校，培养机械工程技术人员。洋务派先后设立广方言馆、翻译馆、工艺学堂，翻译了大量关于军事、科技、历史、地理、经济、政治方面的书籍，培养了许多语言和科技人才。

4. 江南造船厂——中国近代船舶工业的滥觞

1865 年，徐寿设计并制造的中国第一艘以蒸汽为动力的木质轮船，在扬子

① 今广东省中山市。

江试航，逆流时速达 8 千米，顺流时速达 14 千米。消息传到北京，同治皇帝十分振奋，欣然赐予徐寿“天下第一巧匠”的牌匾。这是中国人自行设计、手工劳动制造的第一艘蒸汽动力轮船，揭开了中国近代船舶工业发展的帷幕。

1871 年，内阁学士宋晋向朝廷上奏，说福州船政局（1866 年由左宗棠创办）耗费巨资，没有什么成绩，强烈建议朝廷关停福州船政局和上海造船厂。这一奏议一旦被清廷采纳，那么，洋务派官员苦心经营的事业将前功尽弃。宋晋对福州船政局发难后，朝廷征求大臣们的意见。

制造轮船，是洋务运动的重头戏，李鸿章对此看得很重，因此他迟迟没有回复朝廷。直到 1872 年，李鸿章上奏《复议制造轮船未可裁撤折》。在这份奏折中，李鸿章以自己独有的眼光和思维，阐述了当时中国面临的形势。他指出：一百多年来，欧洲列强从印度到中国南部沿海，再从南部沿海到北部边疆，闯入中国边境、腹地，这是史书上从来都不曾记载过的现象。列强纷纷打开中国的大门，强行与中国通商。列强之所以能横行于中国，凭借的正是先进的枪炮、轮船、兵舰。中国人一向使用的弓箭、小枪、土炮和帆船，敌不过列强的新式枪炮和蒸汽战舰。中国要改变被动挨打的局面，就要“自强”，就要学习外国的先进技术，制造新式枪炮和轮船。因此，他主张，对于福州船政局和上海制造局，无论遇到多大的困难，都要坚持办下去。

由于洋务派的竭力争取，清政府最终没有裁撤福州船政局和上海制造局的造船项目。后来，福州船政局发展成为洋务运动期间最大的造船企业，江南制造总局的造船厂经过 150 多年的发展演变，成为今天中国造船工业的“龙头企业”。

19 世纪 80 年代，在自制和外购军舰的基础上，清政府创建了南洋、北洋、福建、广东四支海军。从此，中国近代海防建设进入了一个新的历史阶段。

1905 年，江南制造总局原有的造船部门独立出来，成立江南船坞，专营造船；辛亥革命后，改称江南造船所。中华人民共和国成立后，江南造船所回到人民的手中；1953 年，改称江南造船厂。

1960 年，首艘国产万吨轮“东风号”在江南造船厂下水。该轮船总长 161.4 米，载重量 1.3488 万吨，所以被称为“万吨轮”。从投料到下水仅仅用了 88 天，在 5 年的内部建造期间，进行重大技术革新 300 多项，改进 180 多项设计和工艺。为响应毛泽东提出“东风压倒西风”的口号，为它取名“东风号”。洋务运动期间，以及后来很长的一段时期，江南造船厂只能仿制外国人设计的轮船，而“东风号”巨轮从根本上扭转了这一局面，它完全是由中国人自行设计、自己建造的，全部材料和设备都是国产，为中国建造万吨以上的船舶奠定了基础。这是江南造船厂取得的一项非常了不起的科技成就。

中华人民共和国成立以来，江南造船厂不断取得突破与创新，生产了中国第一艘潜艇、第一艘护卫舰，现代化的导弹驱逐舰，以及远望系列航天测控船。2018 年，中国第一艘 055 驱逐舰，离开上海江南造船厂进行出海测试。这是中国首型导弹驱逐舰，装备了先进的武器和雷达系统，具备高度的信息化和自动化水平，属于世界领先水平。2022 年 6 月 17 日，中国第三艘航母“福建舰”在江南造船厂建成下水，这是中国完全自主设计建造的首艘弹射型航空母舰。

历时 30 多年的洋务运动，是一场声势很大、轰轰烈烈、颇具开创意识的“自强运动”。虽然，倡导并主持这场运动的地主阶级洋务派，其初衷只是挽救垂危的清王朝统治，且因中国在中日甲午战争中战败而宣告运动失败，但是，它在客观上给封闭落后、内忧外患的中国带来了当时世界上最先进的工业文明成果。从此，古老的中国被动地卷入了近代世界资本主义发展的潮流。

二、招商银行的前身是什么？

大家可能听说过“中华老字号”这个说法。拥有这个称号的中国企业，据说有 1600 多家，如：同仁堂、陈李济、王老吉、张小泉、全聚德、六必居等。它们有的诞生于明末清初，有的诞生于洋务运动时期，凭着独具特色的经营理念、优质的产品和服务，不断发展壮大，至今活跃在中国大地上，成为家喻户晓的“百年老店”和驰名商标，也成为中华优秀传统文化的杰出代表。

在洋务运动中，李鸿章一手创办的轮船招商局，也是一家“百年老店”。站在中国历史发展的角度看，轮船招商局的创办，是近代先进的中国人应对西方工业文明挑战、顺应世界历史发展潮流的一大创举。历经一个半世纪，轮船招商局经历了一段曲折、艰难的发展历程，演变成今天的招商局集团。招商局集团以及旗下的招商银行，从 2012 年至 2022 年，已 7 次入围“世界五百强企业”。

1. 洋务派为什么要创办轮船招商局？

几千年来，中国历代统治者大多崇尚“以农为本”“重农抑商”的治国理念。即使到了 19 世纪 70 年代的清朝晚期，由于顽固派、保守势力的反对，政府仍然禁止商人创办新式企业。那么，洋务派创办的中国第一个民用企业——轮船招商局，又是如何诞生的呢？

曾国藩等洋务派代表人物，创办了一批军工企业。这些军工企业，都是官办的，其经费由官府筹集。经历了两次鸦片战争和太平天国起义，清政府耗费了大量军费，加上战败后给列强的赔款，国库早已空虚，财政捉襟见肘。同时，那些官办的军工企业内部管理混乱，衙门作风盛行，腐败和浪费十分严重，朝廷提供的经费常常难以为继。李鸿章认为，创办民用企业，可以缓解军工企业所面临的资金、原材料、运输等问题。他的目光首先投向了当时英美商人垄断的轮船运输领域。

李鸿章为什么要创办轮船运输企业呢？

一方面，鸦片战争后，中国国内市场向欧美打开，美、英等国商人开办的轮船运输公司，逐步介入沿海一带的运输业务，包括漕运[①]。那时候，英、美商人采用的运输工具是新式轮船，运输效率高，成本低，中国原有沙船业遭到致命打击，曾经盛极一时的沙船[②]运输业濒临破产。中国内河外海的航运业，面临着被西方运输企业垄断的威胁。

另一方面，虽然清朝严格限制华商购买洋轮用于航运，但是，受到外商在华获利的刺激，沿海地区的华商，为获利，纷纷委托洋行[③]出面购买轮船，并向外国领事馆呈报，这些船悬挂外国旗帜，减免关税，清政府损失十分巨大。一些华商还在洋行入股投资，有的投资占比还相当高。华商避免了捐税，洋商获得了利益，清政府损失了巨额关税。对于这种现象，清政府无计可施，只能干着急。

1871 年初，北方地区发生灾荒，李鸿章急需征调船只，运输大批粮食，到北方赈灾。考虑到时效问题，李鸿章想雇用速度快、载货量大的外国轮船。但令李鸿章没想到的是，外商乘人之危，不仅借机涨价，而且姿态高傲，气焰嚣张。

---

① 我国古代，通过大运河和海路，把东南地区的漕粮，运输到北方统治中心。

② 中国古代用于航海的一种防沙平底木船，是清代重要的水上交通工具。

③ 外国商人在中国通商口岸设立的商行、商号。

对此，虽然李鸿章心中十分不满，但又没有找到可以替代的办法。这一年年底，黄河决堤，沙船的弊端再次显现，无法担当漕粮运输的大任。作为洋务派带头人，李鸿章认识到，想要“自强”，想要“御外侮”，就必须发展中国人自己的轮船运输事业。

1872 年 6 月 20 日，李鸿章在《筹议制造轮船未可裁撤折》中指出，创办民用轮船公司是“求富”的重要方法，然而中国“各口岸轮船生意已被洋商占尽”，“须华商自立公司，自建行栈，自筹保险”，要由“熟悉商情、公廉明干、为众商所深信”的人出面主持。

经过一番调查研究和深入论证，李鸿章于 1872 年 12 月 23 日正式向总理衙门上了一个奏折——《试办招商轮船折》。在奏折中，李鸿章的原话是这样说的：“(创办轮船招商局)庶使我内江外海之利，不至为洋人占尽，其关系于国计民生者，实非浅鲜。”他建议，采用官商督办的方式，并推荐熟悉漕运业务、声望较高的沙船业主朱其昂为轮船招商局首任总办。

清政府权衡利弊，三天之后，批准了李鸿章的奏折。1873 年 1 月 17 日，中国第一家轮船运输企业——轮船招商局，在上海正式对外营业。这是中国第一家民族轮船运输企业，也是洋务派创办的第一家民用企业。

轮船招商局的创办，可以防止外国轮船运输公司垄断中国航运业，有利于发展中国自己的航运事业，为难以为继的军工企业提供充足的资金支持。同时，“官督商办”的运行机制，也有利于清政府对招商局进行有效监管，而无后顾之忧。

2. 轮船招商局的“黄金十年”

对于拥有两千年封建王朝历史的中国来说，轮船招商局的创办，绝对是晚清社会的一个新生事物。新生事物的发展历程，注定不会一帆风顺。从 1873 年 1 月 17 日正式对外营业到 1883 年招商局遭遇困境的 10 年，成为招商局历史上的第一个黄金时期。

轮船招商局是洋务派创办的第一个从“自强”深化为“求富”、由“官办”转向“官督商办”的企业。采用“官督商办”的模式，完全可以说是清政府在经济方面的一大创新。为什么呢？因为它解决了“官无资金、不会经商”，而有资金、有经商才干的商人没有合法办近代企业之权的困境。简单地说，“官督商办”

就是，由政府出面、商人出资办近代企业，即官府督办，商人自筹股资、具体经营。

在初创阶段，在人才遴选、资金来源、业务拓展等诸多方面，轮船招商局常常举步维艰。在这个阶段，李鸿章发挥了重要的作用。1872 年，曾国藩去世后，李鸿章成为洋务运动的领袖人物，后被称为“晚清第一重臣”。从这一年开始到 1895 年中日甲午战争结束的 20 多年里，李鸿章充分利用自己的政治资源，竭力为轮船招商局的发展保驾护航。

创办企业，清政府既缺钱，又缺人才。招商局实行股份制，由商人出资认股，选谁来操办公司事务，如何吸纳入股资金，事关全局。在选人方面，李鸿章一直积极物色合适的人才。虽然李鸿章最初选定的朱其昂在淞沪沙船业内有较大的影响力，但是，他不善于经营新式航运业，官僚习气浓重，商人避之唯恐不及，根本招募不到商股。半年时间，招商局仅招股 10 万两。

1873 年，李鸿章不得不撤换总办朱其昂，并确定由 5 个人组成招商局的精英管理团队，重新制定局规和章程。其中，唐廷枢任总办，总揽全局；徐润担任会办，负责招股和轮船运输业务。朱其昂兄弟二人，负责漕运。李鸿章的幕僚盛宣怀，充当清政府的监察人。

唐、徐二人，都是买办①出身，且有长期经营近代航运业的经验。他们主事招商局之后，上海商人信心大增，招募商股进展顺利。他们按照商业模式、规则办事，规定每百股举一商董，由诸商董中推举一商总，总局和各分局分别由商总和商董主持，使投资人对局务有一定发言权，大股东享有经营管理权。

在资金上，李鸿章更是倾尽全力，他多次调拨天津军饷、地方官款、关税等，合计 200 多万两白银，打到轮船招商局的账上。另外，他还为招商局争取缓交官款利息的优惠政策。1876 年，招商局收购美国人创办的旗昌轮运公司，首付 100 万两，李鸿章也曾积极为招商局筹款。

在业务拓展方面，李鸿章利用他在政治上的强势，力排众议，为招商局赢得江苏漕粮 20%，即 2 万担②的漕运业务，使招商局每年有了 10 余万两白银的稳定收入，在一定程度上保障了招商局的正常运营。

① 指中国近代史上，受雇于外商并协助其在中国进行贸易活动的中间人和经理人。

② 每担等于 100 斤。

除了企业内部营运和管理等问题，招商局的生存和发展，还受到来自顽固派的阻挠和破坏，以及外商同行的挤压。招商局的高层人员，经常会遭到守旧派官员的弹劾和攻击。李鸿章凭借其智慧和才干，多次助招商局渡过难关。

在最初的10年，轮船招商局取得了较为辉煌的业绩，是公认的“黄金十年”。1877年至1883年，招商局每年水路运输的平均收入达到190万两白银。招商局成功地打破了外国轮船运输公司的垄断，成为与外国轮船公司的有力竞争对手。中国内河航运的费用大大降低了，仅1873年至1876年，中国商人付给外国航运公司的费用就减少了1300多万两白银。1876年，招商局耗资222万两白银，收购了竞争对手之一——美资旗昌轮船公司。同年12月，招商局与英国人创办的太古、怡和轮船公司签订齐价合同，共同商定各条航线上的统一运输价格，这是中国的民族企业第一次取得抗击外商挤压的重大胜利。

3. 让招商局起死回生的人——盛宣怀

在招商局极其困难、濒临绝境之时，有一个人力挽狂澜，帮助招商局绝境重生。他就是盛宣怀。

盛宣怀的父亲盛康与李鸿章同为曾国藩部下。1870年，盛宣怀成为李鸿章的幕僚。从此，他成为李鸿章的亲信，受到李鸿章的赏识与重用。

1883年，受到世界资本主义经济危机的影响，国内资金大批转向工矿企业，上海爆发金融危机，招商局陷于困境和混乱，甚至一度濒临倒闭。1885年，盛宣怀被委任为轮船招商局督办，以官员的身份来督办招商局。这样，轮船招商局由商办企业成为名副其实的“官督商办”企业。上任后，盛宣怀首先强化“官督”，采取了以下措施：

一是向英国汇丰银行借款30万英镑，赎回了在中法战争期间押卖给旗昌洋行的船只，维持和扩大了招商局经营的业务。

二是进行人事调整。废除总办，设会办三、四人，由首席会办马建忠代表官方实际执行总办的职权，这样，保证了官督办的最高权力的正常运行。

三是重新制定招商局章程，严格管理，尽最大努力降低消耗，加速运转，减少开支，大大增强了企业的竞争能力。之后的八年里，招商局赢利丰厚，发展迅速。

四是尽力争取官方的力量来维持招商局。盛宣怀是官方的督办，又是李鸿章的亲信，因此，争取官方的支持，是意料之中。在盛宣怀的运作下，李鸿章采用了如下做法帮助困境中的招商局：减免空回船税、茶税，增加运漕水脚（水路运输的费用），让招商局暂缓拨还官方存放的本金。这些做法，有利于招商局恢复元气和活力。

五是雇佣技术高超、有真本领的外国技术人员，并且在使用外国人时，特别强调中方的自主权。他聘任蔚霞（英国人，招商局洋雇员）担任总大车兼总船主，对其用人权（如调换船主）做出了严格的约束性规定。另外，他还禁止外国雇员饮酒，一经查出，立即辞退。这样做的结果是，提高了工作效率，降低了外国人的薪金。

六是发展中国民轮的内河航运业。盛宣怀在山东、广东试办内地浅水轮船，由招商局和当地绅商共同出资，创办了专行内地的江海民轮船局，统归招商局督办，且有相当的自主权。

由于盛宣怀任招商局督办后，采取了一系列行之有效的整顿措施，使得招商局很快得到恢复和发展，增强了与怡和、太古等外国企业竞争的能力。1885 年，盛宣怀接手时，招商局只有资本 200 万两白银，到了 1902 年，袁世凯接收招商局时（招商局变为完全官办），交接的资本达 2000 余万两白银，短短七八年间，招商局的资本增长了近 10 倍。

1909 年，盛宣怀再度执掌轮船招商局。他两次督办招商局，长达 18 年。这 18 年，正是招商局发展最迅速、成效最显著的时期。

在中国近代化的进程中，盛宣怀与李鸿章一样，都是比较重要的历史人物。由于时代的关系和他本人的局限性，他犯过一些错误，以至于后人，包括历史学家，对其褒贬不一，以致其毁誉参半。但是，他让濒临倒闭的招商局起死回生，并以招商局为基石，建立起晚清最大的产业集团，开办了许多开时代先河的事业，如银行、铁路、电报、学校、煤矿等，做出了一定的历史贡献，影响巨大，惠及后世。

4. 焕发新生，成为“世界五百强”

从 1911 年辛亥革命爆发，到 1949 年中华人民共和国成立前夕，中国经历了

30 多年的战乱与动荡，轮船招商局也度过了自其创办以来最长的一段黑暗岁月。1951 年，位于上海的招商局（总公司）被改组为中国人民轮船总公司。地处香港的招商局（分公司）由中国人民轮船总公司领导，保留“招商局轮船股份有限公司”的名称。

20 世纪 70 年代末，中国内地蓄势待变，改革开放如箭在弦。那时，香港社会经济十分发达，时称“亚洲四小龙”之一。1978 年 6 月，时任交通部外事局长袁庚，受交通部长叶飞的委托，来到香港，调研香港招商局的运营等情况。2 个月后，他向交通部写了一份报告——《关于充分利用香港招商局问题的请示》。在报告中，他建议：冲破束缚，创办一批中小型现代化交通和工业企业，通过银行贷款、发行股票、吸收外资等方式筹集资金，自负盈亏，面向市场经营发展。3 天后，这一“请示”获得中央批准。袁庚很快被任命为香港招商局副董事长，主持招商局的日常工作。

袁庚到任后，对香港、澳门和宝安县[①]进行了周密考查之后，向中央提出一个大胆的想法：在香港对岸的宝安县南端（今深圳市南山区）建立一个对外工业区，把内地廉价土地和劳动力与海外资金、技术和原材料相结合，实行进出口免税的优惠政策。这一提议，很快得到了邓小平和李先念等中央领导人的肯定和支持。1979 年 1 月 31 日，袁庚代表招商局，当着中央领导人李先念的面，要到了南头半岛最南端面积约 2.14 平方千米的蛇口，用于建设中国第一个加工出口工业区。

建设蛇口工业区的消息，很快传遍海内外。许多港商、外商前来拜访并打听消息。袁庚以招商局副董事长的身份，向他们详细介绍了国家对外开放的政策和给予投资者的优惠待遇，强调会以招商局的名义与合资方签约，这样的话，香港法律就可以保护他们的正当、合法权益。

在接下来的几年时间里，一大批中外合资、外商独资企业与招商局签约。公开招聘、合同制、项目招标、按劳分配等中国前所未有的新生事物，陆续在蛇口工业区落地。外资、先进技术和管理经验的引进，推动了招商局蛇口工业区的快速发展。

---

① 广东旧县，为深圳市前身，于 1979 年撤销。

1985年，招商局集团成立，隶属交通部。成立后第二年，招商局收购了友联银行。第三年，招商局设立中国第一家由企业创办的股份制银行——招商银行。第四年，招商局设立中国第一家由企业创办的股份制保险公司——平安保险公司。2020年《财富》“世界五百强”发布，招商局集团位列第235位，其下属的招商银行也位列189位。

这些巨大成就的取得，与当代中国的改革开放大潮流分不开，更是招商局这家“百年老店”二次辉煌的有力见证。

史海泛舟

中国民族资本主义是相对于外国资本主义而言的。中国民族资本主义为中国近代化企业的发展积累了经验，也为中国的近代化进程铺设了道路。十九世纪六七十年代开始，在我国沿海地区，一些官僚、地主、商人、买办、华侨投资兴办了一批早期近代企业，例如：1866年，方举赞、孙英德合伙设立的上海发昌机器厂；1872年，华侨商人陈启源在广东南海创办的继昌隆缫丝厂；1878年，轮船招商局会办朱其昂创办的天津贻来牟机器磨坊；1892年，爱国华侨张弼士创办的烟台张裕葡萄酒公司。

第三节 变法图强，百日维新

100 多年前，甲午战败的屈辱再一次上演，先进的中国人意识到光是引进西方器物已经不足以挽救民族危亡，于是他们一遍遍地向统治者疾呼“变法图强”！维新变法运动就这样开始了。这场运动是由谁领导的？最终结局是怎么样呢？让我们走进 120 多年前的戊戌变法。

一、“公车上书”指的是什么事件？

1895 年 4 月中日甲午战争结束后，李鸿章代表清政府准备和日本签订丧权辱国的《马关条约》，消息一传回北京，就遭到朝野人士的强烈反对，可是反对无效，败局已定。当时在北京准备参加考试的各省的举人们知道这个消息后非常气愤，眼看泱泱大国被日本打败，打败之后还要割地、赔款，尤其是台湾省的举人，听到自己的家乡要被日本人占领，更是悲愤万分。可是如何救国呢？就在这时，他们中间出了一个人，他提出的救国之道既合乎古训，又适宜时局，论调也被大家认可，这个人就是康有为。

> **史海泛舟**
>
> “维新”之名，始见于《诗经·大雅·文王》：“周虽旧邦，其命维新。”后来称改变旧制、推行新政为维新。鸦片战争以后，西学东渐，伴随着中西文化的渗透、冲突，“维新”的概念也就和过去不同。近代的“维新”，系指“维”资本主义之“新”，“变”封建主义之“旧”。

康有为是广东省的举人，早在 1888 年就曾上书光绪皇帝请求变法，但是遭到顽固官员的阻挠，上书并没有呈递到皇帝手里。这次他看到群情激愤，正是鼓动上书的好机会。于是他和学生梁启超等四处联络，约集十八省举人开会。据说开会那天，盛况空前，到会的有 1000 多人，个个情绪激愤，公推康有为起草奏疏。康有为用了一天两夜的时间，给光绪皇帝写了万言书，1300 多名举人在万言书上签名。这件事很快传播开来，轰动了北京。因为当时把进京考试的举人称为“公车”①，所以这次上书就被称作“公车上书”。公车上书的主要内容是“拒约”“迁都”“变法”，大家想一想，清政府能同意这些要求吗？不仅没同意，而且皇帝连一个字都没有看到。当时负责呈上的都察院以皇帝已经在条约上盖了印为由，拒绝把万言书呈给皇帝。公车上书虽然失败，但是其中的主张被举人们争相抄录，广泛传播，这些主张体现了资产阶级改良派政治改革的要求，一场轰轰烈烈的维新变法运动由此揭开序幕。

人物小史

康有为（1858—1927），广东南海②人，人称“康南海”，晚清时期重要的政治家、思想家、教育家。康有为家里几代都是读书人，他有机会接触到西方文化。1891 年他在广州设立万木草堂，收徒讲学。为了给变法找到理论依据，他先后写了《新学伪经考》和《孔子改制考》两本著作，轰动一时。1898 年在光绪皇帝的支持下，康有为开始戊戌变法，变法失败后逃亡日本。康有为后期思想趋于保守甚至倒退，晚年始终宣称忠于清政府，支持复辟运动。

人物小史

梁启超（1873—1929），广东新会③人，中国近代思想家、政治家、教育家、史学家、文学家。他 17 岁中举人，后从师于康有为，成为维新变法运动的领袖之一。变法失败后，他与康有为一起流亡日本。后来他还倡导新文化运动，支持五四运动。

① 汉代地方上举荐人才，由公家备车送往首都，后来就用“公车”来称呼进京考试的举人。

② 今广东省佛山市。

③ 今广东省江门市。

二、维新派为变法展开了哪些活动？

公车上书以后，康有为和他的学生梁启超等人继续宣传变法图强的主张，1895 年他们在北京成立了“强学会”，宗旨是“求中国自强之学”。变法维新受到越来越多人的支持，有人支持就有人反对，后来慈禧太后下令封禁了强学会。不过受强学会的影响，各地方性学会纷纷成立，全国弥漫着变法维新的空气。1898 年 4 月，康有为还组织成立了“保国会”。据说在保国会的成立会上康有为慷慨演讲，痛陈西方列强在鸦片战争后企图瓜分中国的事实，中国面临日益严重的生存危机，中国人就像牢中之囚，为奴隶、为牛马、为犬羊，只能供人驱使，听人宰割。康有为讲得声泪俱下，众人都为之动容。在保国会的第二次大会上，梁启超继续演讲，他情绪激昂，尖锐地指出民族危机就在眼前，中华民族正处在亡国灭种的关键时刻，中国知识分子应该行动起来，唤醒民众，寻求救亡图存之道。他的演讲对动员士大夫起了重要作用。随着保国会影响的扩大，以慈禧太后为首的顽固派对保国会活动竭力破坏，后来保国会也停止了活动。学者马勇评价康梁师生的保国会：“自是风气大开，人心大振……这对于此后光绪皇帝正式宣布变法起到了直接的推动作用，提供了重要的舆论氛围。”康、梁和其他弟子也都在这次重要的政治活动中得到了锻炼。

创办报刊是维新派宣传变法的另一个途径，在此期间中华大地上出现了“报馆之盛为四千年来未有之事”的局面。在维新变法的宣传中，梁启超主编的《时务报》是当时影响最大的报纸。《时务报》以“变法图存”为宗旨，梁启超担任主笔，后来发表了很多震动国人的论著。有人说，维新派的主张得以盛行，是“始于《时务报》”。梁启超也因此声名鹊起，时人把他和康有为并称为“康梁”。诗人黄遵宪评价他说：“（梁启超）惊心动魄，一字千金，人人笔下所无，却为人人意中所有，虽铁石人亦应感动。从古至今，文字之力之大，无过于此者矣。”后来毛泽东评价梁启超：“他是当时最有号召力的政论家。”在康梁师徒和其他维新人士的努力下，到 1898 年时，全国已经有学会、学堂、报馆 300 多所。受到维新舆论的启发，赞成变法的人越来越多，有一个大人物也决心支持维新派的变法运动，他就是清朝的光绪皇帝。

三、为什么维新变法只有103天?

有人说晚清的历史是由几位关键人物统治的历史，首先要讲的就是慈禧太后和光绪皇帝。光绪皇帝4岁继位，慈禧“垂帘听政”，独揽大权。一直到光绪皇帝19岁大婚后开始亲自管理国家大事，此时慈禧还是牢牢控制着朝政大权。尽管光绪皇帝一直是一个傀儡的角色，但他内心并不想成为一个亡国之君，尤其是经过中日甲午战争的奇耻大辱，之后（1897年）德国出兵强占胶州湾的强盗行径，加上康有为的接连上书请求，都促使光绪皇帝意识到变法的紧迫性和必要性。他看到了日本明治维新的成功，便想仿效日本，实行君主立宪制。据说大学士孙家鼐（nài）曾问光绪皇帝：“若开议院，民有权而君无权，您怎么办？”光绪皇帝回答：“我只为拯救中国，只要能成功，我个人没了权力又算得了什么呢？”然而另一边，视权力如生命的慈禧太后却不甘心享受隐退生活，密切关注着光绪皇帝和维新派的一举一动。

1898年6月11日，光绪皇帝发布“明定国是”诏书，开始支持变法。慈禧和光绪皇帝的较量也愈演愈烈。先是光绪皇帝的老师、维新派的有力支持者军机大臣翁同龢（hé）“下岗”，接着是慈禧太后的心腹荣禄任拱卫京津地区的直隶总督及北洋大臣要职，一时权倾朝野。被慈禧太后接连打压的光绪皇帝试图反抗，6月16日，光绪皇帝召见康有为。这是他们第一次会面，也是唯一一次。

光绪皇帝见到康有为后非常同意他的观点，说：“现在真是非变法不可。”康有为问光绪皇帝：“既然皇上知道非变法不可，为什么这么长时间都不行动起来呢？坐等着这个国家走向危亡吗？”光绪皇帝担心有人在外面偷听，注视了一下帘子外面，唉声叹气地说：“受他人牵制啊！”康有为马上领会了，皇上是受到太后的阻碍，没有办法啊！接下来，两人谈话的主要内容是围绕应该怎样变法展开的。康有为告诉光绪皇帝：现在的问题是小变还是大变，是枝节的改良还是根本的彻底变革。他说，这就像一座宫殿，既然基本材料已经败坏，那么小修小补已经很难从根本上挽救其倾覆，正确的办法应该是拆掉重筑。接着，康有为就向光绪皇帝陈述怎样建造新的宫殿，他说：“现在的这些大臣大都守旧，不懂得世界大势，靠他们变法是没希望了；而且他们岁数也大了，让他们去办学堂，办商务，他们年轻时候没学过，实在也不会办。皇上只有任用那些有才能的职位低的年轻臣子，给他们升职的机会，来办理新政。”光绪皇帝表示同意。康有为接着又指出八股取士制度的危害，他说：“现在这么多大臣，却没一个能胜任变法事宜的，这都是八股取士造成的。”光绪皇帝也赞同：“西洋人的学问是实用的学问，但在我们中国都没用武之地啊！”光绪皇帝接着问出他最关心的问题：“目前朝廷财政困难，怎么才能筹款解决这个问题呢？”康有为仅仅说了他的一些想法，并没有提出什么实际有效的解决措施，加上康有为的广东口音让光绪皇帝听得实在费劲，所以这场谈话除了二人达成对变法的相同意见外，并没有解决太多实质问题。康有为最后满怀信心地对光绪皇帝表示：西方变法用了 300 年，日本借鉴西方只用了 30 年，我们只要举国同心，只需 3 年便可初见成效。

看到这里，大家是不是已经感觉出来康有为身上存在的一些问题——有点天真，有点激进。其实，这还不是康有为的硬伤，他的硬伤是缺乏政治经验，这在康有为等待召见时和顽固派荣禄的对话中可以看出。荣禄冷嘲热讽地问他：“以你的大才干，也会有挽救时局的能力吗？”康有为回答：“非变法不可。”荣禄又咄咄逼人地问：“我们都知道要变法，但是已经制定了一二百年的法规了，能一下子就改变吗？”康有为直截了当地告诉荣禄：“如果杀掉二品以上阻挠新法的大臣，那么新法就能推行了。”这种赤裸裸、血腥的政治宣示别说是荣禄了，我们听了都毛骨悚然。所以学者马勇评价康有为说：康有为并不真切了解清政府内部的政治运作，并不知道政治决策、政治运行的实际情形。他只不过是一个充满情怀的“政治素人”。

变法开始后，光绪皇帝颁布了一系列涉及经济、军事、文教等方面的改革，其中就包括废除沿用了千百年的科举制，但是由于守旧势力的阻挠和大多数官员的不配合，新政在绝大多数省份并不能顺利推行，光绪皇帝雪片似的诏谕都成了一纸空文。清朝这瓶“老酒”虽然换了变法的“新瓶”，但喝起来还是以前的旧味道。一边是康有为、梁启超再加上没有实权的光绪皇帝的变法组合，另一边是一手遮天的慈禧太后加上老谋深算的顽固派的反变法组合，悲剧的结局似乎在故事一开始就注定了。可光绪皇帝并不甘心失败，他把阻挠新政的六个人革职，又特别给谭嗣（sì）同、刘光第、杨锐、林旭四个维新派人士升职，加紧变法。这些举动让慈禧更加恼火，她决定调集军队扑灭新政。就在这时，袁世凯登场了。

袁世凯在晚清的政局风云中起着举足轻重的作用，他早年在天津小站练兵发迹，手里有一支7000余人的新式陆军，这正是维新派和手无实权的皇帝所需要的，而且他在1895年还加入过强学会。为了争取袁世凯的军队支持，光绪皇帝还给他升了官，但是袁世凯看出维新派败局已定，并不想参与这场维新变法运动，所以他表面上对光绪皇帝表示忠心，暗地里却向荣禄告密，策划镇压维新派。1898年9月21日凌晨，慈禧太后发动政变，囚禁了光绪皇帝，大肆搜捕维新人士。至此，变法历经103天，以失败告终，史称“百日维新”。

那么，为什么戊戌变法只维持103天就失败了呢？首先，变法由年轻又没有实权的光绪皇帝主持，他不可能对自己的统治制度来个彻头彻尾的改变；其次，维新派人士在变法过程中操之过急，没有采取循序渐进的策略，导致与旧官僚的矛盾迅速激化；再者，在当时封建社会为主导的大环境下，想借助封建统治阶级的最高统治者皇帝直接触动封建守旧派的利益，做起来非常难，守旧派肯定不会答应。因为它触动了太多人的利益，整个清朝的大小官员，以及慈禧太后本人，几乎没有人支持，最终变法成为一纸空文在所难免。

现实直通车

维新变法运动中康有为托古改制，写了很多像《变则通通则久论》这样的宣传变法的文章，梁启超也在《变法通议》中强调“变亦变，不变亦变”这样的变法维新的观点。其实他们提出的观点是建立在总结中华文明历史经验基础上的，中华文明的历史告诉我们，改革创新是发展的必由之路，只有不断地坚持改革创新才能不断前进。正如习近平总书记在改革开放四十周年时所强调的：新时代全面深化改革决心不能动摇、勇气不能减弱。

四、“有心杀贼，无力回天”的维新志士是谁？

镇压发生前一天，康有为在英国人的保护下逃往香港，后来梁启超也乔装逃往日本，最后，积极参与这场维新变法运动的谭嗣同、林旭、杨锐、刘光第、杨深秀和康广仁被杀于北京菜市口，历史上称之为“戊戌六君子”。在这六个人中，有一个人可谓是真正的勇士，他本来有出逃的机会，却断然放弃了，他说："各国变法，无不从流血而成，今中国未闻有因变法而流血者，此国之所以不昌也。有之，请自嗣同始。"他就是谭嗣同。据说谭嗣同临死前仍然神色自若，慷慨从容，并且留下了 16 个字临终语："有心杀贼，无力回天；死得其所，快哉快哉！"这是何等的血性和胆识啊！关于维新人士的牺牲，方攸（yōu）翰先生这样评价：戊戌维新志士的鲜血，冲洗掉了一部分追求进步的人们改良主义幻想，从此以后，逐渐有更多的人走上了革命的道路。戊戌政变宣告了维新变法运动的失败，关于失败的原因，李侃先生总结：变法开始以前，思想上、准备上都很不充分，但迫在眉睫的民族危机使他们仓促上阵，因此难免遭到失败的命运。站在当时的角度看，这场维新变法运动是失败了，但是站在历史的角度，戊戌变法运动无疑是一次历史的超越，尤其是思想文化上的一次重大的历史转折。康有为、梁启超、谭嗣同、严复等人的思想政论文章影响了当时以及后来的大批知识分子；而且变法措施之一京师大学堂没有被取消，它就是北京大学的前身。所以，这场变法运动既是近代中国一次重要的政治变革，也是近代中国最早的一次思想解放运动和新文化运动，对社会进步和思想文化的发展，起了重要的推动作用。

哇！原来是这样

谭嗣同牺牲之前在狱中写了《狱中题壁诗》："望门投止怜张俭，直谏陈书愧杜根。手掷欧刀仰天笑，留将公罪后人论。"大家可能有疑问：我们熟悉的那句"我自横刀向天笑，去留肝胆两昆仑"哪里去了呢？其实这两句不是谭嗣同写的，而是梁启超后来改的，改过之后使此诗更加豪迈。

第四节 结束帝制，辛亥革命

1900 年义和团运动爆发后，沙俄乘机出动十几万军队占领了中国东北。清政府签订丧权辱国的《辛丑条约》后，八国联军陆续从北京撤走，但沙俄的军队依然盘踞在中国东北，拒绝撤兵，妄图霸占东北地区，这一举动惹怒了日本。想当年，如果不是沙俄的横加干涉，辽东半岛早就成了日本的囊中之物。日本不停地与沙俄交涉，但是谈判没有达成一致。失去耐心的日本终止谈判并与俄国断绝外交关系，1904 年 2 月 8 日，日本海军突然对驻扎在中国旅顺的沙俄舰队发动袭击，日俄两国竟然在中国的东北地区开战！

这就好比两个强盗闯进了你的家园，为了能抢夺更多的东西而在你的家里大打出手。换作是你，会怎么办呢？正常人肯定选择把两个强盗都赶出去。

1904 年 2 月 12 日，清廷发布上谕："现在日俄两国失和用兵，朝廷轸（zhěn）念彼此均系友邦，应按局外中立之例办理。"

——王彦威、王亮《清季外交史料》

但此时的清王朝，国力虚弱、统治腐朽、军事废弛，就像一个懦弱胆小的病人。面对欺负到头上的强盗，清政府竟然宣布"局外中立"，默许日俄在中国东北交战，任凭两万中国同胞死于战火，几十万难民流离失所！

此时，正在日本仙台医学院求学的鲁迅，看到一部有关时事的影片，讲的是在东北的中国人被俄国人雇去当探子，被日军抓获后公开枪决的情况。然而影片中围观处决现场的竟也是一群中国人，他们正酒醉似的喝彩。鲁迅当时深受冲击，遂放弃从医的道路，转而决定用如椽（chuán）巨笔，医治国人的思想和精神！

那个时候，为挽救中华民族，还有很多像鲁迅这样的先行者，他们在黑暗泥泞的道路上不懈探索。其中有一位年轻的医生，同样经历着从“医人”到“医国”的转变，毅然决然地走上了“弃医从政”的革命道路。他是谁？

一、为什么孙中山先生被称为中国民主革命先行者？

1.“洪秀全第二”上书碰壁

1894 年，晚清重臣李鸿章收到了一封来自香港西医书院第一期毕业生的信。在长达 8000 余字的信中，这位毕业生批评了洋务运动片面追求坚船利炮，舍本逐末，提出只要做到“合理地发挥人才、土地、资源的作用，畅通商品交易的渠道”，就能使中国在 20 年之内赶超欧洲。虽然李鸿章是香港西医书院的名誉赞助人，但此时他正忙于来自日本挑衅而可能发生战事的筹备，并没有十分在意这封信，况且这封信的作者人微言轻。李鸿章随手看完便放在了一边不予答复，但让这位在晚清政坛上呼风唤雨的重臣想不到的是，日后正是这个写信的年轻人，投身于反清的斗争中，举起了反帝反封建的大旗，推翻了清王朝的统治，结束了中国 2000 多年的君主专制制度。这个人便是中国民主革命先行者——孙中山。

1866 年，孙中山出生在广东省香山县（今中山市）翠亨村的一户普通农家，小时候经常听村里的老人讲太平天国的故事，孙中山渐渐地将洪秀全当成了自己心中的偶像，自称“洪秀全第二”。12 岁那年，孙中山远赴美国檀香山（今夏威夷火奴鲁鲁）投奔哥哥孙眉，在当地中学读书，5 年后他回到了广州，随后又去香港西医书院求学。多年的西式教育和生活，在孙中山心中埋下了改良祖国的念头，他认为总有一天，中国也要实现民主宪政，修很多的铁路，建很多的港口，办很多的工厂，实现自立自强。从医学院毕业后的孙中山，先后在澳门、广州等地行医。他目睹了中华民族屡次被西方的铁蹄践踏，即悲伤又愤怒，他意识到“医国”比“医人”更重要，于是便有了上书李鸿章的事情。但上书没有受到李鸿章的重视，孙中山便对清政府不再抱有幻想，“既然清朝不给我们机会，不理会我们的善言劝谏，那我们就推翻它，创建一个属于我们的理想国家！”28 岁的孙中山，开始走上了推翻清政府的革命道路。

2. 世界潮流，浩浩荡荡，顺之则昌，逆之则亡

1894 年的秋天，孙中山去了檀香山。他去那里只有一个目的：准备武装起义。檀香山是太平洋中一个火山岛，在这里生活着 20 000 多华侨。孙中山分析这些华侨一是较早、较深接触了西方，对西方文明和清政府腐朽统治的对比有深切的感受，容易同情革命；二是华侨普遍手头有钱，可为革命活动资助。在这里，孙中山成立了第一个资产阶级革命团体——兴中会，提出了“驱除鞑虏，恢复中华，创立合众政府”的口号。然而这个第一次喊出“振兴中华”口号的政治组织，它的创建过程却是十分艰难。孙中山本想发动这些华侨参加革命，但大多数人并不愿意同孙中山一起造反，毕竟干革命是个容易掉脑袋的行当。经过多方奔走，响应者依然只有陆皓东、陈少白等“铁杆”，以及一些有心造反的绿林好汉。就这样，兴中会在几个知识分子的领导下开始了革命事业。

后来，兴中会不断壮大，并在香港成立了总会，喊出了“驱除鞑虏，恢复中华，建立民国，平均地权”的誓言。

此后，孙中山游历各国（期间不乏被迫流亡），宣讲自己的思想，筹措革命的经费，发展革命的队伍，策划武装反清。他的主张逐渐得到更多人的认同，他也成为革命党人公认的领袖，成为颠覆专制政权、创建共和政体的一面旗帜。

往事钩沉

孙中山为革命事业不辞劳苦，一生共 4 次横渡太平洋、4 次横渡印度洋、6 次横渡大西洋，到美国 4 次、英国 4 次、越南 6 次、新加坡 9 次、日本 15 次……行程相当于绕地球 5 圈，是一位名副其实的“旅行家”。

在他的影响下，一批民主革命团体如雨后春笋般建立起来。比如，黄兴、宋教仁等在长沙成立了华兴会，蔡元培等在上海成立了光复会，陈独秀在安徽成立了岳王会……

人物小史

陆皓东（1868—1895），本名陆中桂，字献香，号皓东，广东省香山县翠亨村人。他是孙中山的同乡、同学，追随孙中山开展反清革命斗争，1895年协助孙中山在香港成立兴中会总会，策划在广州武装起义并袭击衙署，夺取广州。陆皓东绘制了青天白日旗（后来的国民党党旗），作为起义的旗帜。后来因为准备不足和叛徒告密，起义失败，陆皓东为掩护革命党人不幸被捕，英勇就义。孙中山评价他是“中国有史以来为共和革命而牺牲者之第一人”！

虽然有了革命团体，但干革命毕竟是倾家荡产甚至掉脑袋的事情，零散的会社想要撼动清政府在全国的统治还是非常困难的。这就需要有一个政党，让大家统一思想，一致行动。1905年在日本东京，中国同盟会诞生了。同盟会联合了当时中国主要的革命团体，创建了全国性的资产阶级革命政党，推举孙中山担任总理。在同盟会机关报《民报》的发刊词中，孙中山提出了以“民族、民权、民生”为核心内容的革命纲领，这就是“三民主义”。

习近平在纪念孙中山诞辰150周年大会上曾指出，孙中山先生目睹山河破碎、生灵涂炭，誓言“亟拯斯民于水火，切扶大厦之将倾”（出自孙中山《兴中会章程》），高扬反对专制统治的旗帜，毅然投身民主革命事业。孙中山创立兴中会、同盟会，提出“三民主义”，积极传播革命思想，广泛联合革命力量，发动武装起义。孙中山是伟大的民族英雄、伟大的爱国主义者、中国民主革命的伟大先驱，是中华民国和中国国民党的缔造者，“三民主义”的倡导者，创立了《五权宪法》。他首举彻底反帝反封建的旗帜，“起共和而终两千年封建帝制”！

中国革命事业在以孙中山为代表的革命党人的努力下已然看到了曙光，一幕幕英勇壮烈的革命画卷即将拉开……

现实直通车

1925 年 3 月 12 日，革命先行者孙中山先生在北京逝世，终年 59 岁。他用自己的一生诠释了“吾志所向，一往无前，愈挫愈勇，再接再厉”的誓言。斯人已逝，精神永存！作为当代的年轻人，我们应该学习孙中山先生的哪些优秀品质？

思维引领

热爱祖国、献身祖国的崇高风范；
天下为公、心系民众的博大情怀；
坚韧不拔、百折不挠的奋斗精神。

3. 革命党的头号卧底：谁是“光汉子”

1907 年的一个夏夜，在安徽巡抚官衙里，巡抚恩铭正在焦急地踱步。他刚拿到一份来自两江总督端方的电报，电报里说，在南京被捕的革命党人供出了一份“乱党”名单，里面就有不少人来自安徽，其中有一名号称“光汉子”的革命党首领，已经混入了安徽官场高层，正在策划起事，必须从速查办。

恩铭接电，心乱如麻：如今革命党人暴动频仍，时局动荡，这个“光汉子”已潜伏在安徽官场中枢，万一安徽生变，轻则我巡抚的顶戴不保，重则我身首异处啊！恩铭越想越怕，突然他想到一个人：“来人，速召令徐锡麟来见我！”

徐锡麟是何许人也？他出生在浙江绍兴一个名门望族，家境殷实，31 岁时游历日本，接受革命思想，归国后创设书局、学堂，并结识了蔡元培等人，加入了光复会。后来他决定打入清廷内部，捐官入仕，并深得安徽巡抚恩铭的赏识，担任了安庆巡警学堂会办、陆军学堂监督，用现在的话说就是安徽省警校的校长。此刻，徐锡麟急匆匆地进入：“抚台大人深夜召见，有何吩咐？”恩铭喝退左右，用手招徐锡麟上前，把电报交给他：“你仔细看看端方大人的电报。”

徐锡麟接过电报一看，大吃一惊。恩铭说：“这个叫‘光汉子’的贼首已经混入我们内部，危害极大，我不便直接调查，你一定要尽快把乱党找出，一网打尽！”听完后，徐锡麟故作镇定地回答：“请大人放心，我一定严查到底。”

徐锡麟走出巡抚官衙，快马赶回自己的住处，关上房门，嘴角泛出一丝不易让人察觉的笑意：“光汉子，光汉子，这不就是我的名号嘛！”原来，徐锡麟在光复会的化名就是“光汉子”，幸亏除了光复会几个首领，他的真实姓名鲜为人知。

徐锡麟深感，必须加快准备起义。经商议，革命党决定在7月6日巡警学堂举行毕业典礼时，趁安庆高官云集，将他们一网打尽。庆典之日，宾客纷至，徐锡麟淡定地走到了恩铭的身边，对着恩铭开了数枪，恩铭当场死亡。瞬间，庆典上一片混乱，很多支持革命的人士纷纷站出来帮助徐锡麟，可是由于清廷援兵赶来镇压，寡不敌众的革命党人只能投降，而徐锡麟更是当场被抓，而后英勇就义。

虽然徐锡麟的安庆起义失败了，但是他勇敢的革命精神对当时的社会造成了极大的影响。孙中山在辛亥革命胜利后，亲来杭州致祭，说：“光复会有徐锡麟刺杀恩铭的壮举，其功绩可以名扬天下”，并写下一副挽联哀悼：“丹心一点祭余肉，白骨三年死后香！”

4. 粉身碎骨浑不怕，唤醒同胞四万万

无独有偶，无数像徐锡麟这样的革命志士，放弃了个人和小家庭的幸福，追求建设民主的国家，他们用决绝的勇气，唤醒了沉睡的国人。

1911年4月27日，由100多名平均年龄29岁的青年组成的“敢死队”，手持枪械、炸弹冲向了两广总督署，这便是黄兴等人领导的广州起义。起义终因寡不敌众，遭到广东水师提督的镇压，以失败告终。后来，同盟会的革命党人冒着生命危险，收殓了72具烈士遗骸，将他们合葬于广州北郊白云山南麓的黄花岗。

哇！原来是这样

同盟会成员潘达微在冒着生命危险收集广州起义烈士遗骸后，购得东郊红花岗，将起义中牺牲的烈士安葬于此。但他认为“黄花”一词更加显得雄浑壮烈，因此，在介绍烈士安葬情况时，把“红花岗”称为“黄花岗”，其名沿用至今。

在黄花岗起义中，有一位叫林觉民的烈士曾慷慨陈词道："起义如果失败，必定有很多同志丧命，但这一定能够唤醒我们的同胞。同胞们一旦被唤醒，一定可以振兴祖国，那么我们虽死犹生，哪还有什么遗憾！"用自己的生命，去唤醒国人——正是这种舍身成仁的大无畏精神，最终点燃了革命的烈火，敲响了清政府的丧钟。

中国近代史和中共党史研究专家金冲及在《谈谈"三二九"广州起义》中曾说："广州起义有如平地一声惊雷，激起了一系列强烈的连锁反应……就在这次起义失败后的一个多月，武汉的两个重要革命团体文学社和共进会就开始商议联合，积极准备武装起义。可以说，半年后的武昌起义的成功同这次起义的影响也是分不开的。"

二、谁打响了武昌起义的第一枪？

1. 火药意外爆炸引燃的革命浪潮

1911 年，清政府为了向外国银行团借款，宣布"铁路国有"政策，将原已由民间入股的川汉、粤汉铁路筑路权收归国有，马上又卖给英、法、德、美四国银行团，并拒绝补偿已经投资的商人和农民，这引发了四川等地民众的抗议，清政府血腥镇压了和平请愿的群众。广大人民忍无可忍，掀起了声势浩大的四川保路运动。

清政府抽调湖北等地的新军开赴四川，镇压保路运动，这就让湖北成为清军的一个防御弱点。革命党人经过筹划，决定在武昌发动起义。

既然要起事，就得约定好时间。1911 年 9 月 24 日这天，武汉的"文学社"召开了一次别开生面的会议。别小看这个文学社，它可不是研究文学创作的。参加这次会议的，还有一个组织叫"共进会"，它与"文学社"一样，是武汉革命党人建立的革命组织。在同盟会的推动下，这次会议商定，10 月 6 日发动起义，占领武汉三镇！但计划赶不上变化，因为湖北的清政府密探察觉，加上同盟会的重要领导人黄兴、宋教仁还没赶到，起义时间一再被推迟。

起义时间还没定好，意外却发生了。

10 月 9 日这天，汉口俄租界的一间民房里，共进会的负责人之一孙武正在检查炸弹的准备情况。他一边谨慎地检查弹药，一边对身边的同伴说："等炸弹做好后，咱们就从湖广总督府后墙外的高楼上，把炸弹扔进湖广总督瑞澂（chéng）的卧室里，直接送他去见阎王老子！"

可是就在此时，"轰"的一声巨响，火药竟然意外爆炸了。孙武大叫了一声，头部和脸部鲜血直流。幸亏火药的威力不是很大，受伤的孙武被同伴们火速送去了医院。可是，这间民房里还存放着革命党人起义用的旗帜、人员名册。在撤离过程中，有革命党人大喊："快销毁起义人员名单，别让官府发现了！"可是，名册被锁在了一个柜子里，因没有钥匙，短时间内根本打不开，革命党人只能先行撤离。

俄国巡捕闻讯而至，在这里搜到了革命党人起义用的旗帜、人员名册，并拘捕了 6 个革命党人，将他们送到了湖广总督瑞澂的手里。重伤的孙武仍放心不下革命，他用虚弱的声音对身旁的革命党人说："俄国的巡捕已经将起义的名册转交给了清朝官吏，他们必定会按名册全城搜捕。我们必须马上动手，万万不可坐以待毙啊！"不出孙武所料，瑞澂果然下令封锁武昌城门，并按照花名册大肆抓捕革命党人。情急之下，革命党人决定以枪声为号，将起义提前到 10 月 9 日晚上 12 点。

城里戒备森严，革命党人没有等到那一声枪响，却等来了更令他们震惊的消息：被抓的革命党人彭楚藩、刘复基、杨洪胜在 10 月 10 日凌晨被清政府无情地处决。革命志士愤怒了，一场暴风雨即将来临！

10 月 10 日晚上 7 点，武汉新军第八镇工程第八营开始查房。查房过程中，第八营二排排长陶启胜发现士兵金兆龙荷枪实弹，旁边还堆放着一堆子弹。陶启胜警觉质问："你们在干什么，是不是要造反？"金兆龙见事态如此，急忙喊道："同志们，现在还不动手，更待何时？"旁边的新军士兵程正瀛闻声端起枪托，扣动扳机将陶启胜击毙。

枪声为号，一时间人声沸腾。潜伏在工程第八营的革命党人总代表熊秉坤听到枪声后，吹响了哨子，大声喊道："革命党人立刻集合，我们今晚的大战，必定会实现武昌独立，向总督府进攻！"

武昌起义第一枪打响了，辛亥革命就这样开始了。

2. 总督出逃引发的连锁反应

在得知武昌起义后湖广总督瑞澂惊慌失措，急召亲信张彪、张梅生和陈德龙等紧急磋商。师爷张梅生先发话：“大人，我们必须坚守待援，只要您不走，我一定誓死追随。”待师爷话罢，八镇统制张彪点头附和。但楚豫轮的管带陈德龙却提出了相反的意见：“现在群情激愤，如果大人继续待在督署内，或有性命之忧，大人不如到停在离督署不远的江面上的楚豫轮里暂避风头，指挥战斗，万万不可坐以待毙呀！”

> **人物小史**
>
> 瑞澂（1864—1912），清末大臣，博尔济吉特氏，满洲正黄旗人，琦善之孙。
>
> 1900 年八国联军入侵北京时，瑞澂因留守北京有功，被提拔为九江道；1905 年调任上海道。1907 年他先后任江西按察使、江苏布政使、江苏巡抚，同年 10 月升任两江总督，1910 年又升任湖广总督。
>
> 武昌起义爆发后，他未予及时镇压，出逃上海，后被清廷革职。瑞澂于 1912 年死于上海寓所。

走还是留？瑞澂又一次拿不定主意。在家人的劝说下，他最终决定去往兵舰躲避。后来孙中山先生在评价此人时，曾感叹道：“如果瑞澂不出逃，张彪会一直坚守下去，武昌的秩序也就不会发生大的混乱！”

武昌首义一天内就攻克了汉口、汉阳，革命党人成立了湖北军政府，推举黎元洪担任都督，发布安民免税告示，并号召各省起义响应。革命和独立的狂潮自此席卷全国。

10 月 22 日，湖南、陕西宣布独立。

10 月 29 日，山西宣布独立。

10 月 30 日，云南宣布独立。

11 月 5 日，浙江宣布独立。

11 月 9 日，福建、广东宣布独立。

……

第二年（1912 年）3 月，甘肃成立临时军政府，宣布独立。

至此，全国 23 个行政省，有 15 个省宣布独立，大清帝国的统治已呈土崩瓦解之势。

历史学家、武汉大学教授冯天瑜在评价武昌起义时提到：“秦汉以来的多次农民起义及贵胄（zhòu）夺权，皆取乡村暴动或宫廷政变形式，以改朝换代为目标，新的王者黄袍加身，国体、政体却全无变更，君主专制一仍其旧；而辛亥年秋季的新军起义，发生在近代文明及近代人群聚集的大都会，是一次大规模的近代城市起义，经武昌新军暴动的沉重打击，沿袭 268 年的清王朝及两千余年的专制帝制之倾覆成为定局。”

（1）“武昌起义绝非一只从云端上掉下来的幸运之果”，你是否赞同这一说法？请说明你的理由。

（2）为什么将武昌起义称为武昌首义？

（3）辛亥革命的历史功绩是什么？

偶然的火药爆炸引发的计划改变，偶然的查房带来的枪声号令，看似偶然，实则是革命酝酿的必然后果。彼时的清廷，已如大厦将倾、朽木枯槁，只欠那偶然的一阵风、一团火。历史就是这样，处处偶然，处处必然，偶然造就必然，必然源自偶然，历史的大方向是不变的。

三、该由谁来当总统？

1. 众望所归，孙中山被推举为临时大总统

1911 年年底，革命军攻占了南京，南方各省均实现独立，长江中下游的革命势力连成一片。在湖北和上海军政府的倡议下，各省代表在汉口召开会议，决定成立临时政府，设在南京，并选举临时大总统。但是，总统的人选迟迟达不成共识。

1911 年，身在美国的孙中山得知革命的消息，没有选择立刻踏上回国的道路，而是抓紧与列强会面，为革命继续筹款，无奈四处碰壁。12 月 25 日，孙中

山只能辗转来到上海。抵达后，还有记者不识趣地问道："中山先生，您这次回国带了多少经费？"孙中山愣了一下，回答道："我一块钱都没带，我带回来的，只有革命的精神！"

享有巨大声望的孙中山回国，让临时大总统的人选有了眉目。12月29日，17省代表在南京选举临时大总统，每省一票，孙中山以16票当选。1912年元旦，孙中山宣誓就职，定国号为中华民国，以1912年为民国元年，以五色旗为国旗，并于3月颁布了临时宪法《中华民国临时约法》。亚洲历史上第一个资产阶级民主共和国——中华民国诞生了。

建国只是第一步，新成立的民国，还要办几件大事：一是获得各国承认；二是筹到必要的钱维持政府、军队的运转；最后，尽快让清帝退位，达成革命的最终目标，实现全国范围的革命胜利，获得政权的正统合法性。

但当时的南京临时政府的境地实在尴尬。

孙中山就职后第四天，发表了《宣告各友邦书》，希望各国尽快承认南京临时政府。可一个月之后，美国驻华使馆正式答复孙中山，美国不承认南京临时政府，其他列强态度基本也是如此。

没有列强的承认，也就没有外国银行的借款，因为财政的两大来源"关税""盐税"早就被抵押在列强手里了。安徽军政府曾派人到南京来申请经费，得到的答复是：财政部国库只有10块大洋了。

2. 清帝退位，袁世凯窃取辛亥革命果实

视线回到北京。此时，北京的清政府名存实亡，已经完全失去了对政局的控制。6岁的宣统皇帝溥仪还在深宫里嬉戏玩耍，丝毫不知亡国将至，清廷贵胄人心惶惶，有的甚至逃到天津的租界避祸。垂帘听政的隆裕太后只能担惊受怕，以泪洗面。隆裕太后全权授权内阁总理大臣袁世凯，与南京临时政府谈判。此时的袁世凯，手握北洋六镇重兵，又有列强的支持，已经完全掌控了局面。

1912年1月16日，隆裕太后在养心殿的冬暖阁召见了袁世凯。在这场会面中，隆裕太后不停地用手绢擦着眼，跪在地上的袁世凯也满脸泪痕。袁世凯故作悲伤地说："太后啊，现在全国革命形势严峻，朝廷弹药匮乏，粮草不足，臣实在无能为力呀，不如早点和革命党停战议和！"隆裕太后无法顾忌自己的体面，

略带哭腔地说："我明白你的难处，可是我万万不能让大清的基业断送在我的手里呀！"袁世凯威胁道："那您难道想成为法兰西大革命中被推上断头台的路易十六吗？"隆裕太后当场就"吓晕"了，绝望地说道："为什么我没有追随先帝而去，如今要遭受这种折磨，再不同意共和，大清的宗室皇族将荡然无存。我母子二人的性命，可全仰仗你了！"

在袁世凯等人的威逼利诱下，隆裕太后最终选择接受民国给出的皇室优待条件，并承诺宣统皇帝退位。2月12日，隆裕太后带着6岁的溥仪在养心殿进行最后一次朝见仪式，隆裕太后从袁世凯手中接过了已经拟定好的《清帝逊位诏书》。当这位中国历史上的最后一位太后真正看到诏书的那一刻，她满眼含泪，无奈地将诏书交给大臣，让他布告全国。朝臣们已然泣不成声，就在这时，反对共和的贵族想试图面见太后，阻止退位。隆裕太后却说："你们这些人把国家搞成了这个样子，如今还想要反对共和，你们想置我们母子于何地？"当需要在诏书上盖章的那一刻，这位大清的太后却犹豫了，她只能不停地安慰自己：这或许是保全我们母子最好的一种方式了！在威胁和催促中，隆裕太后最终选择了她不得不接受的结局。中华民国正式取代了大清帝国，中国2000多年的君主专制制度终于被推翻了。

2月15日，南京临时参议院以全票（17票）选举袁世凯为临时大总统，比孙中山还多一票，并迁都北京。4月1日，孙中山辞去只做了三个月的临时大总统，中国历史上一次重要的权力更替完成了。

告别了晚清的腐朽黑暗，等待中国人的是另一段混乱和凄惨的时期。帝国主义和专制主义的阴云仍然笼罩着这片古老的土地，无数仁人志士仍旧在努力尝试拨开厚重的迷雾，探寻国家和民族复兴的曙光。经历了辛亥革命的洗礼，民主共和的观念逐渐深入人心。

1917年6月14日，"辫帅"张勋率领军队开进北京城，夺取了北京的控制权，拥戴末代皇帝溥仪登基。然而仅仅12天后，溥仪便再度退位，复辟闹剧在全国人民的声讨中草草收场。

这正应了梁启超的那句话，帝位已如同墙上泥塑、木偶的菩萨，一旦被人扔进了猪圈，就是洗干净再重新供奉，那也早已失去了其神圣性。这一切的发生，辛亥革命功不可没！

第五节　武夫当国，军阀割据

1915 年的一个冬日，一个神色慌张的密探疾步踏进了总统府，在袁世凯面前一通耳语。袁世凯顿时火冒三丈、拍案而起，呆立片刻之后，又颓然地瘫坐在了椅子上，拍着大腿，摇起头来，嘴里喃喃道："唉！想不到我袁世凯骗了一辈子人，到头来竟然被蔡松坡给骗了！"

这场让袁世凯懊恼无比的骗局究竟是怎么回事？蔡松坡又是何许人也呢？就让我们来一探究竟。

一、袁世凯为何仅仅当了 83 天的皇帝？

1. 反对袁世凯的"二次革命"

1911 年，辛亥革命推翻了清王朝的反动统治，宣告了中国 2000 多年君主专制制度的终结。两年后，孙中山先生又领导了二次革命。问题来了，为什么会有二次革命呢？事情还要从 1913 年的一天说起。

1913 年 3 月 20 日晚上 10 点多，上海火车站像往常一样人头攒动，往来南北的旅客行色匆匆。列车拉响了即将启程的汽笛，车站接待室走出一行人，其中一位面庞清瘦、目光坚毅的男子，与送行的人员握手告别。他自信满满，意气风发，似乎对即将踏上的旅程充满了期待。他就是主持国民党工作的宋教仁，时任国民党代理理事长。

就在前不久，中华民国刚刚进行了国会大选，国民党大获全胜，主张建立政党责任内阁、实行三权分立制度。此时的宋教仁准备遵循欧洲议会制的惯例，前往北京，以总理身份组建内阁。按照他的计划，新的内阁将限制总统权力，实行民主宪政。

列车汽笛再次鸣响，检票员开始检票，宋教仁拿出车票，准备上车。暗处，一支黑黢（qū）黢的手枪从人群中冒了出来，枪口对准了宋教仁的后背……

"砰……砰……砰……"三声枪响，宋教仁应声倒在了血泊中。第三天凌晨，宋教仁不治身亡，在医院手术室闭上了双眼。

不久，凶手被捕，所有的证据指向了幕后的黑手——中华民国临时大总统袁世凯。

原来，辛亥革命后，临时大总统袁世凯为了进一步强化独裁统治，积极扩张他的北洋军队，筹划向南肃清革命党人势力。主张"议会政治"和"政党内阁"的宋教仁，正是袁世凯的一块绊脚石。

人物小史

宋教仁（1882—1913），字得尊，号钝初，湖南常德人，中国近代革命先驱者之一。1904年，他在长沙参与成立华兴会，之后前往日本，加入中国同盟会。

辛亥革命后，宋教仁担任中华民国法制院院长，他主张建立责任内阁制，限制大总统的权力。1912年，在孙中山的授意下，宋教仁改组中国同盟会，成立国民党。

宋教仁遇刺后，袁世凯违反宪法，绕开国会，擅自向五国银行团借款2500万英镑，以扩充北洋军备。孙中山号召各省武力讨伐袁世凯，掀起了"二次革命"。

但不久，二次革命就被北洋军队镇压，袁世凯变得更加肆无忌惮了，他抛弃共和，实行专制。

1913年10月6日，袁世凯迫使国会选举他为正式大总统，怎么迫使呢？原来，就在国会的议员们为选举总统投票时，会场外突然来了数千名面露狰狞凶光的人，他们号称是"公民团"，前来观看选举。说是"公民团"，其实更像个"无赖团"，他们将会场围了个水泄不通，连送饭的人都不让进，议员们个个饿得饥肠辘辘。他们还扬言道："今天要是选不出众望所归的大总统，谁也不准离开！"就在"公民团"的围观和助威声中，经过三次投票，袁世凯终于当选中华民国第一位正式大总统。

随后，袁世凯解散了国会，废除了《中华民国临时约法》，制定《中华民国约法》，改责任内阁制为总统制，大权独揽。为了给自己的独裁统治扫平法理障碍，袁世凯甚至还修改了《总统选举法》，规定总统任期为10年，可无限制连选连任，甚至大总统的继任者都由现任大总统指定。很显然，袁世凯已经开始做九五之尊的"皇帝梦"了。

2. 袁世凯复辟帝制

（1）袁世凯是如何扫清复辟帝制障碍的？

（2）面对袁世凯的倒行逆施，孙中山、蔡锷等人采取了哪些实际行动反对专制再造共和，结果如何？

（3）袁世凯苦心经营的复辟帝制为什么会迅速走向失败？

经历了辛亥革命的洗礼，封建专制的皇帝制度早已是明日黄花。袁世凯觉得，必须制造舆论，为当皇帝做点铺垫，怎么做呢？

一是舆论。袁世凯提出尊孔复古，大谈孔孟之道和纲常礼教。他赞美道："孔教对中国来说，就像人类需要空气。"他下令恢复学生读经，强调"学校都应该尊崇古代的教育方法，应当以孔子为尊来摆正基础，崇尚孟子来学以致用"。1914年9月28日（孔子诞辰日），袁世凯还举办了祭孔大典。同时，他授意下属，"如果天下百姓一定要让我当皇帝，我就当。"于是，全国各地各式各样的请愿团纷纷冒了出来，希望改国体为君主立宪，造足了舆论氛围。

二是天意。袁世凯的儿子袁克定炮制了"祥瑞"，让给袁家守祖坟的人进京报告说：祖坟近日出现了异常，夜里出现了不明红光，照得恍如白昼；坟墓附近还发现了一条紫藤，蜿蜒曲折，长势似腾空的巨龙……气氛做足了，受命于天、顺意于民的袁总统，可以君临天下了。

1914年的冬至日，寒风凛冽的凌晨，在被荷枪实弹的岗哨和卫兵的层层保卫下，袁世凯身穿制服，乘坐总统专车，来到天坛圜（huán）丘围墙的大门外，然后被八抬大轿送到墙内临时搭建的帐篷里，换上离奇古怪、不伦不类的礼服。随后，他虔诚地顶礼膜拜，进行隆重的祭天仪式……

为了寻求列强支持，1915年5月，袁世凯还与日本签订了丧权辱国的"二十一条"。12月，袁世凯宣布接受帝位，改国号为"中华帝国"，改民国五年为"洪宪元年"，准备于1916年元旦正式登基。

3. 护国将军蔡锷

袁世凯的复辟活动，举国哗然。为了维护共和制度，很多豪杰奋起反抗，蔡锷（è）就是其中一位。

> **人物小史**
>
> 蔡锷（1882—1916），原名艮（gèn）寅，字松坡，湖南邵阳人，近代伟大的爱国者，著名政治家、军事家、民主革命家，中华民国初年的杰出军事领袖。
>
> 他13岁考中秀才，15岁考上长沙时务学堂，师从梁启超、谭嗣同，20岁进入日本东京陆军士官学校，成绩突出。回国后，蔡锷积极从事反清斗争。
>
> 辛亥革命时，在云南领导了新军起义，任云南军都督府都督。袁世凯称帝后，蔡锷在云南成立护国军，发动护国战争。

蔡锷目睹袁世凯的一系列倒行逆施，恨在心里。为了避免袁世凯的猜忌，蔡锷表面装作不关心政治，整日厮混在八大胡同。后来，蔡锷以医治“喉疾”为由，向袁世凯申请病假，住在天津一所日本人开设的医院中。蔡锷之所以选择天津，是因为他要与自己的老师梁启超共同商讨伐袁大计。

1915年8月24日，在天津的一间民房里，蔡锷与梁启超秘密商量着对策。其间，蔡锷愤恨地说道：“我们要是不承担讨伐袁世凯这个贼人的责任，那中华民国可就完了。国内的很多军人和文人都被袁世凯收买，现在的形势真的是非常严峻。眼看袁贼要复辟帝制，这让世界上其他国家怎么看中国？我们虽然力量有限，未必能抗争成功，但是为了我们四万万同胞的人格，我们拼上自己的命也要干这一回！”此时的梁启超欣慰地朝着自己的学生点了点头，说：“你表面上要继续支持袁世凯的一切行动，我来发表反对袁世凯称帝的意见，这样既保证了你的安全，又能让袁世凯继续放松对你的警惕。”

就这样，蔡锷在袁世凯面前装出一副与梁启超意见不合、断绝师生关系的样子，并在劝袁世凯称帝的劝进书上第一个署名。在北京的时候，他见到人就说：“我的老师是书呆子，太不识时务了，恢复帝制对中国有百利而无一害，他竟然还在公然反对。”别人就问：“那你怎么不劝说一下你的老师呢？”蔡锷却答道：“谁能劝得动书呆子，他爱怎么样就怎么样吧，书呆子能翻出什么浪花？”

后来，蔡锷经常往返于京津之间，最终与梁启超拟定出了反对袁世凯的设想：袁世凯称帝后，云南先独立，之后贵州、广西响应，以云贵为中心攻下四川，以广西为中心攻下广东，之后就可以会师湖北，挺进中原。在秘密筹备好一切后，分别的时刻到了。临行前，蔡锷与梁启超紧握着双手，达成了一致：“如果这次咱们成功了，咱们什么都不要，继续做我们的学问；如果不幸失败，咱们大不了一死，绝对不可以跑到外国或者租界苟且偷生。”

1915 年 11 月 17 日，蔡锷以治病为由，秘密离京赴津，随后东渡日本，辗转经中国台湾、香港以及越南等地潜回了云南。袁世凯称帝后，12 月 25 日，蔡锷旋即宣布云南独立，组织护国军，发动了护国战争，讨伐袁世凯。

袁世凯称帝的消息传到全国，引发了全国人民的愤怒和抗争，反袁的护国运动迅猛兴起。南方各省纷纷独立，参与和响应护国战争，就连袁世凯的嫡系部队北洋六镇也开始分化。袁世凯的亲人，包括袁世凯的弟弟、妹妹也对他称帝十分不满，二人甚至还登报声明与袁世凯脱离兄弟姊妹关系。就这样，称帝后的袁世凯众叛亲离，恼羞成病，在全国人民的唾骂声中死去了。

趣闻联播

坑爹“鼻祖”

袁世凯有 17 个儿子，袁克定是他的嫡子。想当年，袁克定为了让老爹当皇帝，以实现自己当皇太子的美梦，颇费了些心思。

当时，袁世凯每天阅读日本外务省在北京出版的中文报纸《顺天时报》，以便了解日本对其称帝的态度。小袁每天都给老袁送来报纸，老袁一看，日本和国内人民都支持他的称帝大业，心里别提多美了！殊不知，这份报纸竟然是小袁花重金请的笔杆子们为袁世凯量身定做的假消息。

袁世凯后来无意中得知此事，气得大骂道：“你真是个骗父误国的逆子啊！”

袁世凯，一个终结了清王朝的人，一个曾被国人寄予共和厚望的人，因为逆历史潮流而动的错误想法，最终将一切毁在了自己的手里。毛泽东后来评价他说：“袁世凯借机要挟民主革命派和清廷，大耍手腕，窃取了大总统的职位，不久又搞复辟，由于他逆行倒施，出卖国家和民族利益，引起全国人民的反对，只当了 83 天皇帝就去见上帝去了。可见逆历史潮流而动，肯定是短命的。”

护国战争此时取得了阶段性胜利，蔡锷却因此前不分昼夜地指挥战斗，身体状况变得越来越差。他在电报中对梁启超说：“本来我就打算大局初定后，就放弃所有职权，现在我的身体越来越差，需要静养，对政治更是没有一点兴趣了。”就这样，蔡锷毅然决然辞去所有职务，到日本去养病。

1916 年 11 月 8 日，蔡锷因旧疾医治无效，病逝于日本。孙中山先生在给蔡锷的挽联“平生慷慨班都护，万里间关马伏波”中，以班超、马援这两个历史人物做比喻，赞扬了这位赤诚的爱国主义者和杰出的军事家。

二、军阀争斗有哪些？

1.“府院之争”

袁世凯的故事结束了，北洋军阀的故事还远没有结束。

袁世凯去世后，手下群龙无首，谁都觉得自己可以当老大，谁也看不惯谁，谁也掌控不了谁，一场群雄割据的纷争便展开了。

首先黎元洪接任大总统，段祺瑞任国务总理兼陆军总长。为了防止有人再度“称帝”，此前被袁世凯废除的《中华民国临时约法》又恢复了。如果用形象的语言来叙述段祺瑞与黎元洪的关系就是：黎元洪想干一件事情，如果段祺瑞觉着不妥的话，可以驳回；黎元洪如果想颁布命令的话，段祺瑞也必须在文件上签名，否则这个命令是无效的；当然，段总理的所有文件、决议，也需要黎总统亲自盖章才能生效。这样看来的话，黎元洪的权力真是大受限制，虽然黎总统因为脾气比较好被称为“黎菩萨”，但这并不意味着他就想甘当“窝囊废”；而段祺瑞可是“北洋派”的元老，做事又比较霸道。二者之间的矛盾像滚雪球似的越滚越大，最终于 1917 年爆发了“府院之争”(“府”是指总统府,“院”是指国务院)。

让两人彻底撕破脸的事情到底是什么呢？1917 年第一次世界大战交战正酣，原本与中国没有直接关系的事情，却引发了民国总统和总理的激烈冲突。1917 年 3 月 4 日，手持两份文件的段总理在全体内阁成员的陪同下，径直来到总统府想要找黎大总统盖章。黎元洪浏览了一遍文件后，言辞激烈地予以拒绝："中国此时需要休养生息，且战争形势瞬息万变，我绝不会在这两份文件上盖章！"原来，这两份文件是段祺瑞及其内阁成员们拟定的对德断交书和主张加入协约国的文件。黎元洪的这一举动让段祺瑞极其愤怒，狠狠地问道："那大总统的意思是反对与德国断交？"黎元洪镇静地回答说："此事事关重大，需要慎重考虑，而且军界很多人士也是反对参战的，我们得多听取一下意见。"段祺瑞怒火中烧，答道："大总统只需要盖章就好，其他的事情段某应付得来，您就不要过问了！"这番话说完，黎元洪再也不接话了。经历了一段尴尬的沉寂后，段祺瑞怒斥道："这个总理我不干了，老子走了！"说完，段祺瑞就离开了总统府，前往天津。不要以为段祺瑞真的不想干了，他这是以退为进，给黎元洪压力。果不其然，段祺瑞离开后，没有一个人愿意出任内阁总理，外国公使和军界人士也极力希望黎元洪挽留段祺瑞。黎元洪没有办法，无奈地致电段祺瑞："外交上的事情段总理决定吧，只要国会通过了，我这边绝对不会干涉！"3 月 6 日，段祺瑞兴冲冲地回到了北京。3 月 14 日，北京政府宣布对德断交。

与德国断交后，对德宣战就是水到渠成的事情了。不料段祺瑞取得所有内阁成员和总统的同意后，却在国会中栽了一个大跟头。5 月 10 日，在国会讨论对德宣战议案的过程中，成群的"自发公民"包围了国会，他们在门外或高呼"对德宣战"，或摇旗助威，甚至有人还闯进了国会，要求列席会议现场。原来，这些"自发公民"是段祺瑞的一个手下搞的把戏，然而这一行径不仅没有帮助"对德宣战"议案的顺利通过，反而激起了议员们的愤怒，他们集体罢会，会议被迫中断。此时的段祺瑞，仍然抱着重开国会通过议案的念想。就在这时，《京报》竟然披露出段祺瑞政府与日本秘密签订了一亿元的军事借款。段祺瑞竟然跟日本搞秘密外交，一时间舆论哗然，搞得段祺瑞手足无措。黎元洪抓住了段祺瑞的小辫子，一不做二不休，乘势免去段祺瑞的总理职务。段祺瑞怎么也没想到黎元洪竟然真敢免去他的职务，气鼓鼓地再次离开北京去往天津，还撂下狠话："我绝不承认黎大总统你的免职令，这是在逼我跟你开战！"可能大家会好奇，黎元洪这次怎么突然这么硬气，敢直接罢免段祺瑞？原来“辫帅”张勋给黎元洪吃了一颗定心丸，他致电黎元洪说：“段祺瑞要卖国，我张勋第一个不答应。黎大总统，您放心，我时刻听您号令，率兵入京，保您周全。”此时的黎元洪就像抓住一根救命稻草一样，在急电中说道：“段祺瑞此去天津，必定有所行动，你速速入京稳定形势。”就这样，黎元洪召令张勋进京。可是让黎元洪没想到的是，张勋入京后竟然拥戴溥仪复辟，还废止了《临时约法》，并且解散了国会。黎元洪逃到日本驻华使馆，给段祺瑞发电报：“之前是我草率了，我现在恢复你的总理职务，你快组织讨伐张勋，保住共和的成果呀！”仅仅 12 天，张勋和他的“辫子军”就被赶跑了，段祺瑞又得了一个“三造共和”的名声（“一造”是逼清帝退位，“二造”是反对袁世凯称帝）。黎元洪因为引狼入室，悔愧难当，只能辞去总统职务，黯然下台。第一次府院之争就告一段落了。

2.“虎狗”之斗

在袁世凯的众多将领中，有 3 个人才干比较突出，时称“北洋三杰”。

北洋之龙——王士珍。他精于权谋，工于心计，为人低调，办事稳重。

北洋之虎——段祺瑞。他手段凶狠，处事强硬，是皖系大统领，乃实力最强大。

北洋之狗——冯国璋。他善于打仗，性格耿直，是直系大统领，却处处受掣肘。

王士珍不喜欢争权，对政治相对超脱，尽量远离“虎狗”之争，置身事外，万不得已时他负责调和两者的矛盾。

黎元洪辞去大总统职务，临行前，他给正在江苏督军的冯国璋发了一封电报，请他出山来京任代总统。冯国璋干了一辈子“诸侯”，没想到快 60 岁了，也有能当“一国之主”的机会，当即同意。段祺瑞也没有反对，因为他认为，让冯国璋离开江苏老巢，来北京做个总统，还是比较容易对付的，自己继续做总理。就这样，新一届政府成员诞生了。

按说赶跑了张勋，那就可以继续共和了！可是这二位谁都不想恢复被张勋废除的《临时约法》和解散的国会。两个人的行为遭到了以孙中山为首的国民党的反对，孙中山依靠南方军阀的力量，成立广州军政府，并通电全国：冯国璋不是中华民国的合法大总统，段祺瑞更是共和的叛贼！得知消息的二人，怒不可遏，对孙中山和南方军阀恨得更是牙痒痒。

但是他们对待孙中山和南方军阀的态度有着严重的分歧。段祺瑞拥有重兵，主张讨伐南方各省，武力统一全国，还能趁机扩充皖系的地盘；冯国璋则希望采取和平手段，安抚南方各省，讨好西南军阀，巩固直系的地盘。但冯国璋身在北京，“北洋之狗”被“虎”所困，处处受段祺瑞掣肘，只能硬着头皮在讨伐南方的电文上盖上总统大印。

1917 年 8 月，段祺瑞派兵进入湖南，向南方进攻，拉开了南北战争的序幕。湖南战事正酣之际，冯国璋麾下直系的几支部队却突然宣布停战，“要和平不要战争”，直接给段祺瑞来了个釜底抽薪。段祺瑞负气宣布辞职，他本来希望冯国璋挽留一下他，可是没想到冯国璋倒得意得很，欣然接受段祺瑞的辞呈。

段祺瑞气不打一处来，心想：“好你个冯国璋，敢给我老段使绊子！”于是，他指示下属徐树铮，组织了北方 10 个省的督军在天津召开会议，给冯国璋施压，要求他向南方开战。

这时王士珍也出来调解：“大家都是兄弟，犯不着闹僵。”冯国璋借坡下驴，只好让步，任命段祺瑞做参战督办，并把陆军总长的位子给了段祺瑞的手下。

这回，冯国璋也真是懊恼了：“这总统不好当啊，太憋屈了。”

怎么办？冯国璋思索再三，决定：“三十六计走为上！先回老家再说！”他宣布要亲自南征，带着自己的卫队，坐火车南下。说白了，是想金蝉脱壳，跑回自己的江苏大本营。结果冯总统刚走到安徽，段祺瑞就派人把他的车给截了。东北的张作霖居然也来插一杠子，入关兵谏。冯国璋只好老老实实地又回到了北京，再次把段祺瑞捧出来做了总理，同意让段祺瑞执掌中央军事大权，主持继续向南方开战。

1918 年，北洋军在湖南战场上取得胜利，但因为段祺瑞偏袒皖系，战后“分果果”不均，直系将领非常不满，直、皖矛盾再次尖锐。南方的军阀与直系军阀相互勾结，息战言和，并把孙中山排挤出广州军政府。此时冯国璋的代总统任期也满了，按照法律需要重新选举总统。冯国璋自知国会已经被段祺瑞把持，主动提出不再参选总统，当然他也不想让段祺瑞好过。冯国璋门下的那批直系军阀，纷纷通电表示：“支持和平，反对战争”，批评段祺瑞的武力统一政策，南方军阀也附议。经过深思熟虑，段祺瑞也决定不参加选举，而是支持北洋元老徐世昌做总统。

终于，冯国璋黯然离京，北洋之狗，累累如丧家之犬。

段祺瑞也在后来的直皖大战中下台。

无论是“府院之争”还是“虎狗之争”，都只是北洋政府统治期间军阀争权倾轧的一段缩影。北洋政府统治的 17 年（1912 年—1928 年），是无比混乱的年代。短短 17 年，经历了 13 位总统，46 届内阁。武夫当国，枭雄遍地，匪盗盈野，波谲（jué）云诡……战争、政变、暗杀、辞职、弄权、学潮、工运，共和制、总统制、联邦制、君主立宪制、责任内阁制，各式各样的思想潮起潮涌，各种各样的势力风云激荡，上演了一幕幕你方唱罢我登场的历史大戏。

正如鲁迅先生诗云：“梦里依稀慈母泪，城头变幻大王旗。”各色势力角力的背后，却是民不聊生、国势倾颓，内政外交虚弱，中国仍在列强环伺的夹缝中苟且生存，无数仁人志士仍在泥泞中跋涉，苦苦求索国家独立和民族解放的道路。

现实直通车

虽然军阀割据的时代离我们已很久远，但战火从未从我们身边褪去。世界上仍然有很多国家遭受战火的肆虐，人们无家可归，死伤无数。生活在和平中国的我们，应该如何捍卫这来之不易的成果？

第六节　民主科学，新文化运动

说到北京大学，大家脑海里是否会浮现出这样的画面：未名湖面波光粼粼，泛起层层涟漪（yī），博雅塔静静伫立在湖畔，岸边垂柳依依，学子们或激扬文字，或掩卷沉思。这里是全国学子心中向往的高等学府之一，被誉为“文科的圣地”。你知道吗？北大的出名，最早可是和“三只兔子”有关呢？这“三只兔子”做了什么事情？有何结局和影响呢？请大家带着这些问题跟随作者一起回到那个风云激荡的年代，钩沉那些尘封已久的趣事吧！

一、你知道北京大学与新文化运动的关系吗?

北大的“三只兔子”可不一般，他们是中国历史上三位著名的人物——当时北京大学的校长蔡元培、文科学长陈独秀、年轻的教授胡适。蔡元培生于1868年1月11日，属兔，是三人当中年纪最长的“老兔子”；陈独秀生于1879年10月9日，也属兔，比蔡元培正好小一轮，是三人当中的“大兔子”；胡适生于1891年12月17日，是三人当中岁数最小的“小兔子”。这“三只兔子”聚在一起，将北大作为阵地，掀起了一场改变中国文化的运动，将以往的旧道德、旧文学扫进了历史的垃圾堆，给国人带来了“民主”“科学”“白话文”这些新潮的“宠儿”，甚至对我们今天的一言一行都产生了巨大的影响。这场运动就是历史上的“新文化运动”。

人物小史

蔡元培（1868—1940），近代革命家、教育家、政治家。他早年参加反清朝帝制的斗争，是中华民国首任教育总长，1916年至1927年任北京大学校长，革新北大开“学术”与“自由”之风；终身致力于为改革封建教育奠定思想理论基础。1940年3月5日，他于香港病逝。

（1）新文化运动是在什么样的社会背景下兴起的？

（2）新文化运动爆发的直接原因是什么？其目标是什么？

（3）新文化运动的主要代表人物有哪些呢？

（4）如果你是当时的知识分子，面对袁世凯掀起“尊孔复古”的逆流，你会怎么做呢？

二、你知道北京大学为什么会成为新文化运动的阵地吗？

大家知道，经历了新思潮萌发、洋务运动、维新变法和辛亥革命后，当时的中国从西方引进了先进的武器装备、开设了工厂，甚至还把皇帝老儿拉下了马——建立中华民国。表面上看，我们穿上了西装，剪掉了发辫，摇身一变，成了“现代文明人”。可是，以封建思想为代表的那一套破旧不堪的思想，依然牢牢地禁锢着人们的思想，甚至在民国初年的时候还发生了女性为丈夫殉葬的荒唐事情。

1914年，根据当时《妇女时报》的报道：孝感女子师范学校的女学生朱友云，得知未婚夫生病后，一病不起。她又听媒人说只有她嫁过去冲喜未婚夫才有希望被治愈，便立即放弃学业，与病榻上的未婚夫草草成婚。半个月后，丈夫撒手人寰。朱友云先是以头撞地，欲死而不成，最后吞下一枚金戒指，追亡夫殉去。通过这个故事，我们不难看出：在当时的中国，很有必要再发动一场新的运动来洗涤人们心中的封建旧思想和儒家传统封建礼教（三从四德）为代表的旧文化。

辛亥革命后期，袁世凯终于揭掉了虚伪的面具，打起了当皇帝的算盘。但是，经过辛亥革命的洗礼，民主共和的观念已经深入老百姓的心中，复辟帝制可不是那么容易的事情。所以袁世凯极力为自己当皇帝造足声势，鼓吹“尊孔复古”的那一套老古董思想，大力提倡尊孔读经。他登上总统宝座后，又相继发表一系列的“尊孔令”，这可把国内外的反动势力“乐崩了”，他们趁机掀起了一股“尊孔复古”逆流。这一时期，各种“孔教会”“尊孔会”，以及一些鼓吹旧思想的报刊，迅速出现在全国各地。康有为甚至要求把孔教定为“国教”，提出“中国人不拜天，又不拜孔，留此膝何为”？面对这股逆流，有的人与封建势力同流合污；有的人选择袖手旁观；更多人则感到彷徨苦闷，找不到出路，为刚刚萌芽的民主共和思想即将付之东流而扼腕叹息。“封建腐朽思想缺乏彻底批判”，这时候，以“三只兔子”为代表的资产阶级知识分子从日本和西方国家引进了新的思想，将其作为武器，同封建“尊孔复古”思想展开了激烈的斗争。

三、谁是新文化运动的代表人物？

1. 陈独秀独当一面办杂志

在历史上，人们对“大兔子”的评价很高，将他称为“旗手”和“总司令”。新文化运动最早“提倡民主与科学，反对专制与迷信”的就是陈独秀，但是“科学”这个词是个进口货——中国古代重视的是儒家礼教，并不太重视科学。直到维新变法期间，以康有为为代表的知识分子主张以日本为师，最早使用“科学”一词的就是康有为。在宣扬民主与科学方面，“大兔子”陈独秀做出了巨大的努力，他曾对老朋友汪孟邹说过：“让我办十年杂志，全国思想全都改观。”满怀着对中国旧思想文化进行变革的信念，陈独秀从日本留学后回到上海后，立即筹备创办《青年杂志》。

哇！原来是这样

陈独秀原名陈庆同，“独秀”是他的笔名。其家乡安徽省怀宁县有座孤峰兀立，笑傲天穹，旧《怀宁县志》形容其“西看如卓笔，北望如覆釜，为县众山之祖，无所依附，故称独秀”。陈独秀因仰慕家乡独秀山，故取笔名“独秀”。

《青年杂志》第1卷第1号便于1915年问世了。当时的《青年杂志》封面上还印着一句法语“La Jeunesse”，是“青年”的意思。陈独秀深受法国资产阶级启蒙思想的影响，在《青年杂志》第1期上发表发刊词《敬告青年》，指出人权说、生物进化论、社会主义是近代文明的特征，要实现这社会改革的三事，关键在于新一代青年的自身觉悟和观念更新。在这篇文章中，他还对青年们提出了六点要求，也就是希望青年能都做到民主、科学、理性、改革和开放，大家对照以下六点，看看自己能不能做到呢？

“（一）自主的而非奴隶的（人）；

（二）进步的而非保守的（人）；

（三）进取的而非退隐的（人）；

（四）世界的而非锁国的（人）；

（五）实利的而非虚文的（人）；

（六）科学的而非想象的（人）。”

后来陈独秀把《青年杂志》改名为《新青年》。《新青年》越办越红火，新任北大校长蔡元培亲自上门邀请陈独秀出任北大文科学长时，陈独秀居然没把北大校长当回事儿，干脆利落地回绝说：“不干，因为正在办杂志……”蔡元培说：“那没关系，把杂志带到学校里来办好了。”1917 年 1 月，陈独秀到北京接任北大文科学长，《新青年》编辑部也随之迁到北京箭杆胡同 9 号，编辑室即住宅，最终《新青年》与北京大学共同成为新文化运动的重要阵地。

陈独秀不仅宣扬新思想，而且一一落实，就连在自己的家里也保持了民主的氛围。有一天，他的长子陈延年、次子陈乔年千里迢迢由怀宁赶到北大看望父亲。令人惊奇的是，他们并不直接去和父亲相见，而是托人递帖子给陈独秀。帖子上写有一句话，“拜访陈独秀先生”，落款为“陈延年、陈乔年敬上”。这件事一时间被传为美谈。人们都说，陈独秀提倡民主，现在“德先生”真的光临他的府上了，真是将门无犬子啊。和父亲讲“民主”的陈延年、陈乔年兄弟俩，后来都成为中共优秀党员，为革命事业献出了年轻而宝贵的生命。

陈独秀在新文化运动中的贡献，正可谓“一枝独秀开正艳，才华锋芒实难掩”。

2. 蔡元培身先士卒反封建

在中国古代，儒学思想家搞出了一套“三纲五常”和“三从四德”的封建礼教体系，它们像枷锁一样套在每个中国人的头上，要求每个人都必须服从封建君王的旨意和封建家族的意愿。新文化运动“提倡新道德，反对旧道德”，新知识分子们终于站出来对封建礼教说“不”。

“老兔子”蔡元培便是反封建斗争中的一员勇士，他曾贴出过著名的征婚启事，列出了当时看来“惊世骇俗”的征婚条件：第一，不缠足的女性；第二，须识字者；第三，男子不得娶妾；第四，如果丈夫先死，那么妻子可以改嫁；第五，夫妇如不合，可以离婚。在婚姻生活中，蔡元培更是与妻子订立了《夫妻公约》，约定夫妻平等，劝解妻子大胆地放脚，而且着重强调夫妻之间应当注重交心，认为只有破除封建守旧思想，夫妻之间的感情才会更加融洽。蔡元培与妻子相敬如宾，恩爱有加，一时间被传为佳话，被誉为“伉（kàng）俪之爱，视新婚有加焉”。

只靠自己单枪匹马和封建思想作战可不行。蔡元培还任用了一批干将与自己并肩作战。他在1916年出任北京大学校长之后，着力营造“兼容并包”和“思想自由”的学术研究氛围，将北京大学打造为新文化运动的大本营。这里既有留着清朝长辫、身穿长袍马褂、精通九国语言的辜鸿铭，也有引进爱因斯坦相对论的中国第一人夏元瑮（lì）。蔡元培用人不唯学历，善于发现并破格录用各类人才。例如：中国近代著名哲学家梁漱溟（míng）在青年时代就刻苦好学，在报上发表过许多研究古印度哲学的论文，引起了人们的注意。蔡元培曾经读过他的文章，认为他功底好，前途无量。可是当梁漱溟24岁那年去报考北京大学时，却没有考上。蔡元培得知后非常惋惜，就说：“梁漱溟想当学生没有资格，就请他来北大当教授吧！”于是蔡元培打破常规，聘请落榜生梁漱溟到北京大学任教。梁漱溟到校后不仅能胜任教学工作，而且很快写出了重要的学术著作《中西文化及其哲学》，轰动了中外学术界。

1920年，有女学生要求进入北京大学读书，一向重视新事物、培育新风气的蔡校长非常高兴，但因为当时考期已过，蔡元培就先录取女生为旁听生，等到暑假招考，再正式录取。当时有守旧人士责问蔡元培：“兼收女生是新法，为什么不先请教育部核准？”蔡元培不卑不亢地回答：“教育部的大学令，并没有专收男生的规定。从前女生不来要求，所以没有女生，现在女生来要求，而程度又够得上，大学就没有拒绝的理。”责难的人哑口无言。从此后，各大学都以北大为榜样，陆续开始招收女生。

人们对“老兔子”蔡元培的评价很高：毛主席评价蔡元培是“学界泰斗，人世楷模”；周总理曾指出，“从排满到抗日战争，先生之志在民族革命；从五四到人权同盟，先生之行在民主自由”；著名哲学家冯友兰也说，“蔡先生是近代确合乎君子的标准的一个人”。在读完蔡元培的故事后，你认为他是一个怎样的人物呢?

3. 胡适独辟蹊径倡导白话文

新文化运动力推“提倡新文学，反对旧文学”。为什么要提倡新文学呢，其原因之一就是在中国古代，“语文”其实是分开的，人们说的是“语”，也就是大白话，文人们写作用的却是“文”，也就是文言文，“语”和“文”其实是不一致的，说大白话的普通老百姓看不懂知识分子们的“之乎者也”，自然也就理解不了他们宣传的“新思想”。所以，打破“语”和“文”之间的壁垒，主张“文言一致”，推动文化的普及，自然就成了新知识分子们又一个努力的方向。

胡适一生推崇白话文，认为“文言是半死文学”。有一次，胡适在北大讲课时又对白话文的优点大加颂扬，有些醉心文言文的同学不免萌生了抵触情绪。正当胡适讲得得意之时，一位姓魏的同学突然站起来，声色俱厉地提出抗议：“胡先生，难道说白话文就没有丝毫缺点吗？”胡适冲着他微笑着说：“没有的。”那位同学更加激愤地反驳道：“肯定是有的！白话文语言不精练，打电报用字多，花钱多。”胡适扶扶眼镜，透露出沉思的目光，然后柔声细气地解释道：“不一定吧！前几天行政院有位朋友给我打来电报，邀我去做行政院秘书，我不愿从政，决定不去，为这件事我复电拒绝。回电是用白话写的，看来也很省字。请同学们根据我这一意愿，用文言文编写一则复电，看看究竟是白话文省字，还是文言文省字？”胡教授说完这段话后，只听得课堂内“沙沙”的写字声，顿时整个教室呈现出紧张、沉寂的气氛，每个同学都在开动脑筋，认真地编写电文。15 分钟过后，胡适让同学们主动举手发言，报告用字数目，然后从中挑选一份用字最少的文言电稿，电文是这样写的：“才学疏浅，恐难胜任，不堪从命。”胡适说，这份写得确实简练，仅用了 12 个字。但我的白话电报却只用了 5 个字：“干不了，谢谢。”紧接着，胡适解释：“干不了”就含有“才学疏浅，恐难胜任”之意；“谢谢”既对友人费心介绍表示感谢，又暗示拒绝之意。经胡先生这一精辟的讲述，那些对白话文不感兴趣的同学也都受到了启迪，开始对白话文刮目相看。

趣闻联播

"胡适的印"

在新文化运动中，胡适（字适之）大力提倡白话文。有一次，他去一家篆刻店刻章，要刻成"胡适之印"，结果取章的时候发现店主给刻成了"胡适的印"。胡适十分生气，于是质问店主，店主理直气壮地回答："你不是提倡白话文吗？在白话文里，'之'可不就是'的'吗？"胡适仔细一想，店主的话非常有道理，正好符合自己的新文学主张，便高兴地收下了店主的印章。

四、新文化运动给今日生活留下了哪些影响？

到了新文化运动的后期，新文化运动的几名干将之间产生了分歧。"小兔子"胡适认为，新文化运动应当只停留在文化领域，不应涉足政治。出生于1889年，属相为"牛"的李大钊此时接触到了来自俄国的马克思主义，认为知识分子应当关注社会的发展与人类的命运，主张将《新青年》办为政治刊物。于是，"小兔子"和"大黄牛"便开始了激烈的论战。胡适写出了《多研究些问题，少谈些主义》，李大钊则针锋相对，发表了《再论问题与主义》作为回应，胡适继续"跟帖"，写出了《三论问题与主义》。

这场论战影响了中国近代史的走向。论战之后，胡适专注学术研究，逐渐退出了新文化运动。1917年俄国十月革命后，李大钊则大力宣传马克思主义，第一次举起了社会主义的大旗；后写出了中国历史上第一部系统性介绍马克思主义的著作《我的马克思主义观》，将新文化运动引向了新的历史阶段。后来，1919年巴黎和会，因中国外交的失败引发了五四运动，以李大钊为代表的新文化运动的知识分子们以马克思主义为武器，领导广大学生、工人和商人取得了斗争的胜利。

李大钊与陈独秀之间也有着深厚的情谊，在一次匆匆送别陈独秀之际，他与陈在一驾不起眼的骡车上相约共同建立一个“苏俄式的政党”，留下了“南陈北李，相约建党”的佳话，这个“苏俄式的政党”，就是后来的伟大的中国共产党。

人物小史

李大钊（1889—1927），字守常，河北乐亭人。1913年他东渡日本，入东京早稻田大学政治本科学习……是中国共产主义运动的先驱，伟大的马克思主义者，杰出的无产阶级革命家，中国共产党的主要创始人之一。他为第一次国共合作做出了重大贡献，1927年被北洋军阀张作霖杀害。

当代学者黄文治在新文化运动100周年纪念学术研讨会上提出：把新文化运动通过五四运动结合起来，认为知识分子怀抱救国救民的崇高理想，坚定认为中国内外危机必须全面彻底解决，而全面解决只有社会革命一途，马列主义恰是社会革命的最有效模式。

从这一评价中，我们不难看出，时间虽已逝去，但是新文化运动留下的文化火种永远流传。

头脑风暴

（1）你能说出新文化运动中“三提倡，三反对”的具体内容吗？请各举出一个典型的事例。

（2）新文化运动有哪些重要意义？

参考文献

[1] 刘中国，黄晓东．容闳传 [M]．珠海：珠海出版社，2005.

[2] 梁启超．李鸿章传 [M]．西安：陕西师范大学出版社，2009.

[3] 萧一山．曾国藩传 [M]．北京：东方出版社，2009.

[4] 孙光耀．左宗棠传 [M]．北京：中国书籍出版社，2015.

[5] 雷颐．李鸿章与晚清四十年（增订版）[M]．太原：山西人民出版社，2019.

[6] 夏东元．洋务运动史 [M]．上海：华东师范大学出版社，1996.

[7] 刘兴豪．报刊舆论与近代中国政治：从维新变法说起 [M]．北京：中央编译出版社，2011.

[8] 马勇．维新：戊戌变法的尝试与失败 [M]．北京：新星出版社，2020.

[9] 吴晗．中国历史常识 [M]．长沙：岳麓书社，2021.

[10] 李侃，李时岳，李德征，等．中国近代史（1840—1919）[M]．北京：中华书局，1994.

[11] 江城．历史深处的民国 [M]．北京：华文出版社，2015.

[12] 毛泽东．纪念孙中山先生 [N]．人民日报，1956-11-12.

[13] 习近平．在纪念孙中山先生诞辰 150 周年大会上的讲话 [J]．台声，2016 (22): 32-35.

[14] 王道瑞．新发现的徐锡麟刺杀恩铭史料浅析：读恩铭幕僚张仲炘给端方的信 [J]．历史档案，1991（4）：100-103.

[15] 陆锦燕，黄季力．第一位为共和英勇献身的烈士陆皓东 [J]．团结，1995（4）：35-37.

[16] 肖阳．1911 年— 1914 年辛亥革命发生和南京临时政府成立 [J]．四川统一战线，2000（03）：46.

[17] 新京报社．辛亥风云：100 个人在 1911 [M]．太原：山西人民出版社，2012.

[18] 赵尔巽．《清史稿》卷四百七十三 · 列传二百五十八 [M]．北京：中华书局，1997.

[19] 金冲及．谈谈“三二九”广州起义 [J]．文史知识，1981（5）：18-22.

[20] 吴相湘．宋教仁传 [M]．北京：中国大百科全书出版社，2016.

[21] 谢本书．蔡锷传 [M]．昆明：云南大学出版社，1983.

[22] 周俊旗，汪丹．段祺瑞真传 [M]．沈阳：辽宁古籍出版社，1997.

[23] 刘革学．中国北洋军阀大结局 [M]．武汉：湖北人民出版社，2007.

[24] 尚明轩．蔡锷与孙中山 [J]．求索，1997（4）：118–120.

[25] 段治文，武鹏．辛亥革命百年的历史反思 [J]．黑龙江社会科学，2011（5）：1–4.

[26] 岳南．南渡北归 [M]．长沙：湖南文艺出版社，2015.

[27] 金冲及．二十世纪中国史纲（第四卷）[M]．北京：社会科学文献出版社，2009.

[28] 徐希军．新文化运动一百周年纪念学术研讨会综述 [J]．安庆师范学院学报（社会科学版），2015，34（6）：99–101，157.

[29] 朱成甲．李大钊传 [M]．北京：中国社会科学出版社，2009.

第三章

从嘉兴红船到陕北延安

第一节　爱国进步，五四运动

在北京市东城区有这样一条街道：它是北京最短的大街，在这条街上，有一幢红色的小楼。100 多年前的 5 月 4 日，爱国学生就是从这里走向天安门，掀起了五四运动。五四运动是一场学生的爱国运动，青年节设立在 5 月 4 日，就是为了纪念这场运动，这条街道也被命名为五四大街。

为什么学生会发起这场运动？它在我们的历史进程中为什么有这么大的影响？让我们一起回到那个群情激愤、交织着血水与泪水的觉醒年代。

一、为什么两个代表挤一张桌子？

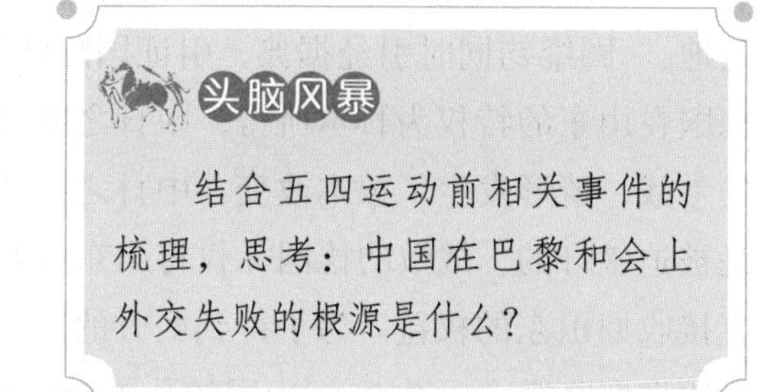

1919 年 1 月的巴黎，第一次世界大战的硝烟还未完全散去，街上到处都是废弃的大炮和炮弹，德国炸弹所到之处是成堆的瓦砾，利用木板遮挡的窗户比比皆是，煤炭、牛奶和面包严重匮乏。大街上男人们情绪低沉、神情恍惚，女人们忧郁而又优雅。在这阴郁低迷的气氛中，巴黎和会召开了，当时西方舆论是这样评价会议的：这时候的巴黎，是世界的首都，参加和会的和谈者都是举足轻重的国际要人。他们天天会晤，谈判时辩论不休、争吵不断，但最终总能言归于好，因为吵架和争论本身，就是他们的工作。

当时，中国也派代表团来到巴黎。当代表团团长陆徵祥一行进入会场时，第一时间得到消息：中国将有两个代表名额。这让陆徵祥无法理解，因为事先根据各国对战争的贡献，将协约国集团划分成三类。第一类是“享有整体利益的交战国”，即美英法意日五个国家。第二类是“享有局部利益的交战国”，指的是在战争中为协约国提供帮助的国家，每国三席；当时中国为欧洲战场提供了 20 万劳工，理应拥有三个席位。第三类是协约国阵营中对德绝交的国家，每国两席。为什么中国代表的名额三席变两席？因为日本人从中做了手脚，原本英法美等国将中国列入了第二类国家，不料，日本却提出：中国目前出现南北矛盾，如果给中国三个名额，容易引起内部争端，不如给南北双方各自一个名额，则势力平均，再无争端。这一建议得到了反感中国的法国总理克里孟梭的支持。在五大国会议上，克里孟梭以东道主的身份提出此项建议，其他四国表示同意。虽然陆徵祥竭尽全力想为中国多争取一个名额，但是最终也没有得到一个满意的答复。会议还未开始，中国就受到不公正的待遇，这也为后来发生的事情埋下伏笔。

1919 年 1 月 28 日，会议开始讨论山东问题。代表中国发言的是哥伦比亚大学的高才生——外交官顾维钧。顾维钧为大会发言做了充分的准备，他用流利的英语声情并茂地说道："三千六百万之山东人民，有史以来为中国民族，用中国语言，信奉中国宗教。胶州为中国北部之门户，亦为沿岸直达国都之最捷径路，在国防上具有重要地位。以文化言之，山东为孔孟降生、中国文化发祥之圣地。"顾维钧同时引经据典，引证国际法名家的见解，说明虽然在战争期间，德国在山东的特权为日本所得，中日之间为此签订了相关密约，但是由于中国的参战，情形发生了根本改变。中日之间的密约，出于众所周知的理由，中方是被迫签订的，战败的德国无权将山东权益转交给他国，因此和会理应让中国直接收回山东的权益。为了得到西方的同情，顾维钧还将孔子比作耶稣，把山东比作耶路撒冷，说道："中国的孔子有如西方的耶稣，中国不能失去山东，正如西方不能失去耶路撒冷。"与顾维钧的慷慨陈词相比，日本代表团发言人牧野显得有点理屈词穷，他一方面辩解日本对中国没有领土野心，另一方面又坚持不肯归还在山东的权益。本来日本就不占理，又加上他的英语不流利，磕磕绊绊，几乎没有什么人愿意听他陈述。双方发言之后，各国代表纷纷上前与顾维钧交流，牧野则被冷落在一边。表面看来，山东问题似乎朝着有利于中国的方向发展。

但是，一个国家在谈判桌上声音的大小，往往是由这个国家的实力决定的。一个穷国、弱国，就算在发言中占据上风，又有谁会理你？

日本虽然在大会发言上没有占到上风，但是会后，以实力威胁美国，如果支持中国，日本将退出巴黎和会。此时美国为了达到拉拢日本的目的，只好牺牲了中国。其他大国本来就在私下与日本签订了条约，他们更不会为了中国得罪日本。在日本的努力下，4 月 30 日最后一次会议上，西方国家对山东问题做了最后决定：批准日本接管德国在山东的所有特权。至此，中国在山东问题上的交涉完全失败，中国代表团在和会上的努力付诸东流。

若干年后，顾维钧在自己的回忆录中是这样记述和会的："我自己驱车驶离医院，缓缓行驶在黎明的晨曦中，我觉得一切都是那样黯淡，那天色、那树影、那沉寂的街道。我想，这一天必将被视为一个悲惨的日子留存于中国历史上。同时，我暗自想象着和会闭幕典礼的盛况，想象着当出席和会的代表们看到为中国全权代表留着的两把座椅上一直空荡无人时，将会有怎样的惊异、激动。中国的缺席必将使和会，使法国外交界，甚至使整个世界为之愕然，即便不是为之震动的话。"

往事钩沉

美国参加巴黎和会最主要的目标是建立国际联盟，以达到其称霸世界的目的。国际联盟建立的前提是世界主要的大国都参加，当时参加巴黎和会的有世界五大国：美国、英国、法国、日本和意大利。意大利无意染指世界事务，先行离开。剩下四国中，日本与英国是盟国，早在 1902 年就签订了"英日同盟"。如果日本离开会议，支持日本的英国也将退出，此时西方大国只剩美国与法国参加联盟，这样的国际联盟将毫无意义。

为了达到让日本参加国际联盟，完成美国的既定目标，美国总统威尔逊最终同意了日本的提案，出卖了中国。

二、从东交民巷到赵家楼，发生了什么事情？

1. 山雨欲来风满楼

5 月的北京虽然已经踏入了春天的门槛，但是铺天盖地的风沙打得行人睁不开眼睛，报纸上的坏消息一个接一个地传来，让人们更加烦躁不安。

5月1日，上海《大陆报》首先报道巴黎和会的消息："政府接巴黎代表团来电，关于索还胶州租借之对日外交战争，业已失败。"5月2日，北京《晨报》发表《外交警报敬告国民》一文，指出："胶州亡矣！山东亡矣！国不国矣！"此时的人们才知道中国外交在世界上的失败。5月3日，林长民又放出"重磅炸弹"，称北京政府已经密令巴黎代表团在和约上签字。

得到消息的北大学生决定当晚就在北大法科礼堂召开全体学生大会。《京报》记者邵飘萍也赶到了会场，在大会上，他报道了巴黎和会中国外交失败的经过和原因。此时的北大学生已不再是"两耳不闻窗外事，一心只读圣贤书"的学生，经过了新文化运动的洗礼，他们不再相信和服从于任何虚伪的权威，他们从民主和科学中找到力量，开始关心国家前途，意识到争取国家的主权不能靠独裁专制的北洋政府，必须团结起来，才能挽救国家的命运。会议过程中，学生刘仁静当场拿出一把菜刀要自杀以警示国人，法科学生谢绍敏悲愤交加，咬破手指，撕下衣襟，血书"还我青岛"四个大字。面对此情此景，学生们情绪更加高涨，决定第二天即5月4日全体游行示威，并通过了四条决议：联合各界一致奋起力争；通电巴黎专使，坚持拒不签字；定于5月4日齐集天安门举行学界示威游行；通电各省于5月7日举行国耻日群众示威游行。

为了筹备游行运动，向国内外转发电文，参加会议的各校学生争先恐后地自发开始捐款。会议从晚7时一直开到深夜11时，散去的学生们开始了分头筹备，这必将是一个不眠之夜，也将拉开中国革命的新篇章。

头脑风暴

新文化运动掀起思想解放的潮流。受到这个潮流影响，年轻一代知识界，尤其是那些具有初步共产主义思想的知识分子，为五四运动准备了最初的群众队伍和骨干力量。

——摘自《中国近现代史纲要》

对比以往的革命或改革，想一想为什么在这次运动中学生是先锋力量。

2. 东交民巷前的抗争

1919 年 5 月 4 日，参加游行的学生队伍，从四面八方浩浩荡荡地涌向天安门，他们慷慨激昂地进行演讲，高呼“外争国权，内惩国贼”的口号，一致要求惩办亲日派卖国贼曹汝霖、陆宗舆和章宗祥，拒绝在“巴黎和会”上签字。谢绍敏用鲜血书写的“还我青岛”四个大字，也悬挂在天安门前，使气氛更加悲愤。一些学生冲出了警察的拦阻，登上方桌，宣读了事先起草的《北京学生界宣言》，同时，学生们还散发了由北大学生罗家伦起草的传单：“中国的土地可以征服而不可以断送！中国的人民可以杀戮而不可以低头！”

学生们的行动感动了北京市民，来往的群众纷纷参加到游行队伍中，示威的人群越来越多。在短暂的集会中，早期接受共产主义思想的知识分子邓中夏、高君宇、张国焘（tāo）等人起到了核心领导作用。

浩浩荡荡的游行队伍从天安门广场出发，直接奔向东交民巷使馆区。东交民巷原来是一条普通的胡同，《辛丑条约》签订后，西方列强将此地划为“使馆界”，把巷名改名“使馆街”，还在使馆界四周建起了围墙，围墙上建有碉堡，并加设铁门。游行队伍刚刚进入巷子，就被一座铁门拦住了前进的道路。这时，一个手持警棍的巡捕出来了，他警告学生们，没有大总统的命令，谁都不能进入使馆界。“中国人的土地竟然不让中国人通过，国家尚未灭亡，我们就已经不能在自己的土地上自由行走了，如果真的亡了国，不知还有什么样的屈辱痛苦等着我们去面对呢。”同学们愤恨之际，希望向美国公使递交“说帖”，以表达中国民众的诉求。不巧的是，这天是星期日，各国公使都去郊区了。学生们找不到其他负责人，也不能继续前行，在太阳下站了近两个小时。此时整个民族痛苦压在学生的心间，他们不由得想到了那些饱受西方列强欺压的山东人民，想到了昏庸无能的北洋政府，想到了出卖国家利益的卖国贼的行径，就如匡互生在回忆录中所写的：“于是素不感觉外力欺压痛苦的人们，这时也觉得愤激起来了！‘大家往外交部去，大家往曹汝霖家里去！’的呼声真个响彻云霄。这时候，无论怎样怯懦的人也都变成了一些有勇气的人了！”

于是，游行队伍开始朝东城区赵家楼胡同方向行进。

3. 火烧赵家楼

愤怒的学生来到曹汝霖家，看见曹宅大门紧闭，门前有大量警察守卫，于是几位学生绕到后面，翻墙进入院内，从里边打开了曹宅的大门，学生们一拥而入。来到前面大厅，大厅内空无一人，学生们疾步穿过花园，进入客厅，此时客厅内坐着章宗祥和日本记者，学生见此情景，气急之下将章宗祥痛打一顿。章宗祥只好躺在地上装死，等到学生撤走，才逃到同仁医院治伤。

学生们在曹宅内到处寻找曹汝霖，始终没有见到他的踪影。找不到曹汝霖，学生们更加气愤，为了惩戒卖国贼，有的学生在曹宅放了一把火。顿时火光冲天，浓烟滚滚，学生也慢慢散去。

见到曹宅起火，北洋政府派李长泰和吴炳湘前来救火。军警们一边扑灭火焰，一边逮捕了未能及时撤走的30余名学生。

5月4日晚，北京各校学生召开会议，讨论如何营救被捕同学和继续坚持斗争的问题。北大学生们决定进一步联合行动，实行总罢课。

人物小史

邓中夏，1917年就读于国立北京大学文学系。1919年他参加五四运动，参加火烧赵家楼，后发起北京大学平民教育讲演团，在长辛店创办劳动补习学校。1927年起，他任中共江苏省委书记、湘鄂西革命根据地特委书记、中共沪东区委宣传部部长等。1933年邓中夏被捕遇害，著有《中国职工运动简史》。

许德珩，1915年考入国立北京大学英文门，后转国文门。其间，加入少年中国学会；五四运动学生领袖，起草《北京学生界宣言》，曾被捕。1933年，他任北京大学教授。1935年，他参与“一二·九”运动。1946年，他当选九三学社理事长；曾当选全国政协副主席、全国人大常委会副委员长。

北京学生的爱国行为得到了全国人民的支持，天津、上海等地的学生和社会各界纷纷发出通电，支持北京学生的爱国运动，要求北洋政府迅速释放被捕学生。全国各界人士的声援，给当时政府很大的压力，5月7日徐世昌下令释放被捕学生，五四运动取得初步胜利。

五四运动是由青年人发起的，也是青年走上历史舞台的重要标志。青年是一个国家的希望所在，就如习近平总书记所讲：“青年是整个社会力量中最积极、最有生气的力量，国家的希望在青年，民族的未来在青年。”

三、如果工人罢工，社会会怎样？

为了阻止学生的进一步行为，北洋政府在6月1日接连发布了两道命令。第一道是为曹汝霖、章宗祥、陆宗舆等人的行为辩解，洗刷他们的卖国罪行，目的是掩盖政府的卖国行为。第二道要求学生停止罢课，“即日一律上课”，宣布彻查参与示威游行的学生，并逮捕了一批学生。这就更加激怒了广大学生，他们互相勉励，“昔日田横尚且能带领500人同殉国难，难道我们今天2万多学生还不能效法前人的牺牲精神吗？”学生们决定从6月3日起再次上街进行演讲。

工厂陆续罢工者不少，如旷日持久，电灯、自来水各厂罢工或终不免。此机一发，危险殊甚。缘如此行来，势必全市骚然，外兵势必登岸，人心激昂，达于极点。暴动之举，如火燎原，全城一炬，自在意中，彼时当无法收拾。

6月3日，北京20多所学校数百名学生上街演讲。学生的行为让北洋政府感到惊慌，他们急忙派出军警驱赶群众，逮捕学生达800多名。

6月4日，北京学生被捕的消息传到上海，上海学生联合会毫不耽搁，立即将消息转送至上海各大报社，同时发出一封悲壮惨烈的呼吁通电：“军阀政府如此罔顾民心民意，竟然以刀枪斧钺（yuè）强加于手无寸铁的学生身上，这是何等的悲哀？如今爱国学子的性命堪忧，身为炎黄一脉子孙的我们，不应该站出来救援吗？”

当天下午，学生们高喊着口号出现在街头。学生的爱国行为感染了商人、工人。上海一家古玩店的老板因为支持学生，闭门停业，被军警打得头破血流。可是第二天，这位老板仍然紧闭大门，拒绝开市。

给予学生支持的不仅仅有商人，上海工人也举行罢工，声援学生的爱国斗争。

上海三友实业社的工人，效仿越王勾践“卧薪尝胆”的行为，在工厂车间挂起了警钟。每天早上都安排工人敲击59响，以纪念“五九国耻日”。清脆的钟声伴随着工人的一声大喝：“你们忘了5月9日的耻辱吗？”工人们齐声回答：“不敢忘！”

6月5日，日华纱厂、上海纱厂、中华书局、商务印书馆的全体工人以及沪宁铁路的部分工人，开始罢工。随着时间的推移，罢工的声势越来越大，参加罢工运动的工人数量也越来越多。到了6月10日，将近10万名工人参与了罢工。上海市内一片狼藉，上海两条陆上交通干线完全中断。

上海工人的罢工，使北洋政府惊慌失措。上海当局急电北京政府：“此次沪上风潮始由学生罢课，继由商人罢市，近日将有劳动工人同盟罢工……星星之火，可以燎原，失此不图，将成大乱。”该电报最后请求免去曹汝霖、章宗祥、陆宗舆三人职务。

在全国人民的压力下，北洋军阀政府不得不权衡利弊，最终选择了“丢卒保帅”。6月10日北京政府下发命令，宣布撤销曹汝霖、章宗祥、陆宗舆三人的职务，释放被捕学生，中国代表也没有在“巴黎和会”上签字。五四运动的直接目标实现了，这是中国人民反帝斗争的一次重大胜利。

自1842年《南京条约》签订之后的，70余年，中国在外交上就没有取得过胜利，这一次终于挺起胸膛向列强说“不”。首先，五四运动是一场真正的群众运动，得到了人民群众的广泛支持。其次，五四运动是一场思想启蒙运动，传播了新思想、新文化、新知识。从1919年6月起，新出的周刊、旬刊、半月刊、季刊，多达400种，大都采用白话文写作，进一步宣传了新思想和新知识。再次，五四运动彰显了工人阶级的力量，工人阶级开始了走上了政治舞台。最后，五四运动

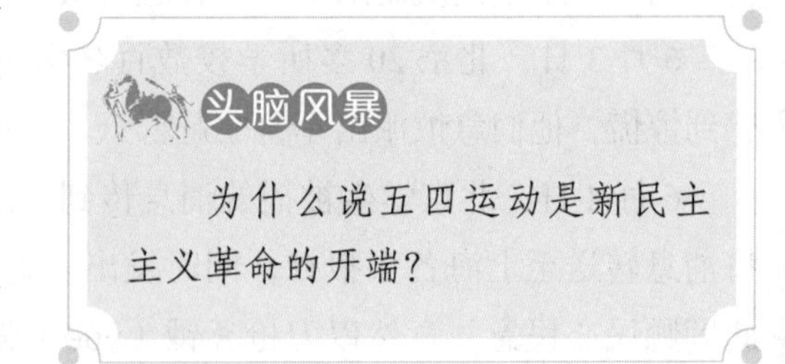

也促进了马克思主义在中国的传播，为中国共产党的成立做好了准备。

因此，我们说五四运动是中国旧民主主义革命走向新民主主义革命的转折点，在近代以来中华民族追求民族独立和发展进步的历史进程中具有里程碑意义。百年来我们不断重温“五四”，是因为五四运动是活的历史——它的精神还活着，它所提出的目标还没有完全达到，还有更年轻的人志愿为它而推动。

现实直通车

五四运动是以青年学生为主，广大人民参与的爱国运动。作为当代青年，我们该如何继承和发扬五四精神？

思维引领

五四精神，即爱国、进步、民主、科学、创新。发扬五四精神，以实现中华民族伟大复兴为己任，不辜负党的期望、人民期待、民族重托，不辜负我们这个伟大时代。

第二节 “一大”召开，红船精神

在浙江省嘉兴南湖的景区里，烟雨楼的东南方向，一直停泊着一艘画舫，世人称之为“红船”。为什么叫“红船”呢？1921 年 7 月，中国共产党就诞生在这艘画舫上，成为领导中国革命的核心力量。中国革命的航船从这里起航。

从那时起，中华民族和中国人民的命运，发生了根本性改变。遗憾的是，原来的画舫，在抗日战争中被毁。1959 年，嘉兴当地的博物馆工作人员根据当事人对原船的回忆，制作了一个模型。然后，工匠们根据模型，仿制成现在我们看到的这艘画舫。60 多年来，先后有 2200 多万人，前往南湖瞻仰红船。它可能是世界上唯一获得如此待遇的画舫了。

一、20 世纪初，先进的中国人为什么把目光转向苏俄？

1. 西方的资本主义道路救得了中国吗？

近代以来，为救国救民，先进的中国人进行了前赴后继的探索和尝试。无论是践行“师夷长技以制夷”的李鸿章，主张“变法图强”“君主立宪”的康有为、梁启超，还是倡导以革命手段推翻帝制、创建中华民国的孙中山，他们发起的变革有一个共同点，那就是向西方学习且均以失败告终。

教训最深刻的，就是辛亥革命了。为什么呢？因为它推翻了清朝，结束了帝制，建立了民国，但革命果实最终被北洋军阀袁世凯窃取。中华民族和中国人民的命运并没有发生根本改变，中国仍旧是一个半殖民地半封建国家。

1914—1918 年，由欧洲资本主义强国组成的两大军事集团，为争夺殖民地和世界霸权，爆发了人类历史上规模空前的世界大战，战况之惨烈，触目惊心。战后召开的巴黎和会上，作为战胜国的英、法、美、日、意等列强之间，你争我夺，弱肉强食。中国代表在大会提出的合理要求，遭到西方强国的无理拒绝，中国的国家权益遭到严重损害。那时，在外交舞台上，中国仍是一个没有存在感、没有地位的落后国家。

惨痛的现实，教育了正在寻找救国救民道路的中国先进知识分子。对内，他们不满北洋军阀的黑暗独裁统治；对外，他们开始怀疑西方资本主义。他们强烈地感受到，西方已失去往日的光彩，过去形成的对西方文明的好感，已经发生了动摇。

2. 十月革命在俄国的成功，给中国先进知识分子带来了希望

俄国为什么会爆发革命？这次革命与以往的革命有何不同呢？作为帝国主义国家之一，俄国参与了第一次世界大战，战争给俄国带来了灾难性后果，人民陷于苦难中，社会矛盾不断激化。1917 年，俄国的工人和士兵发动二月革命和十月革命，先后推翻了沙皇专制统治和资产阶级临时政府的统治，建立了苏维埃政权，走上了社会主义道路。从此，俄国焕发新生，进入新的历史时期。

俄国革命胜利的消息，越过国界，迅速传遍整个世界。在欧洲，它引发了一场又一场的革命风暴。在东方，它唤醒和鼓舞了正在苦苦寻找救国救民真理、对西方文明和资本主义制度感到失望的中国先进知识分子。

革命前的沙皇俄国，与清朝有很多相似的地方，如国土辽阔，人口众多，君主专制，政治腐朽，人民生活困苦。以马克思主义为指导的十月革命的胜利，让俄国工人、农民、士兵掌握了国家政权。中国的先进知识分子开始认识到马克思主义的重大意义，也认识到无产阶级和劳动人民的巨大力量，感受到历史潮流正在发生根本变化。他们深刻意识到，中国人必须顺势而为，把探索革命道路的目光从西方转向俄国，向俄国学习，走俄国式的革命道路。

二、马克思主义是怎样在中国广泛传播的？

1. 什么是马克思主义？

马克思主义是怎么产生的？它为什么会受到世界各国工人阶级的广泛欢迎？

查阅世界近代历史，我们就会知道，随着工业革命的进行，欧洲资本主义经济迅速发展，整个社会日益分裂为两大敌对阵营：无产阶级和资产阶级。在利润

的驱使下，各国资产阶级不断加重对无产阶级的剥削和压迫，两大阶级之间的贫富差距日益加大。无产阶级和资产阶级之间的矛盾、对立和斗争，愈演愈烈。那时候，欧洲三大工人运动接连遭到失败，工人阶级处在迷茫之中，他们的斗争迫切需要科学理论做指导。

正是在这样的历史背景下，两个伟大的德国人——马克思和恩格斯，经过艰苦的探索、思考和实践，于1848年发表《共产党宣言》，共同创立了马克思主义。宣言的核心内容是，通过建立无产阶级政党，实行无产阶级革命，推翻资产阶级的统治，建立无产阶级专政。这是一部指导无产阶级革命斗争的理论著作。马克思主义是科学社会主义，它找到了解放全人类，实现共产主义的正确道路。1917年，俄国十月革命的胜利，第一次使马克思主义从理想变成了现实，也让世界各地的无产阶级看到了革命胜利的曙光。

2. 谁是中国宣传马克思主义第一人？

马克思主义为什么会在中国得到广泛传播？

伴随着西方列强的入侵和民族危机的加深，来自西方的各种社会思潮，冲击着中国人民的思想和心灵。1915年，陈独秀在上海创办《青年杂志》（后改为《新青年》），新文化运动兴起，从思想文化上冲击、动摇了在中国的封建礼教和封建道德。如何改造中国社会，成为当时众多先进知识分子共同探求的主题。

马克思主义真正传到中国，是在1917年俄国十月革命以后。“十月革命一声炮响，给我们送来了马克思列宁主义。”在宣传马克思主义这件事情上，李大钊的贡献最大。他是第一个在中国传播马克思主义、主张学习苏俄十月革命的先进知识分子。他写了好几篇著名文章，介绍并歌颂俄国十月革命，宣传马克思主义，如：《法俄革命之比较观》《庶民的胜利》《布尔什维主义的胜利》《我的马克思主义观》等，使中国人初步了解马克思主义这一崭新的革命理论。

作为一个革命者，李大钊认真比较了俄国十月革命和法国大革命后发现，虽然二者都是革命，但在本质上有着天壤之别。法国大革命，是一场资产阶级性质的革命，代表的仍是少数人的根本利益；而俄国十月革命，是无产阶级领导的，代表的是广大的工农群众的根本利益。十月革命的胜利，实际上是马克思主义的胜利，预示着社会主义革命时代的到来，李大钊称之为“世界的新文明的曙光”。

他相信，社会主义革命，已经成为世界历史发展的潮流。他说："试看将来的环球，必是赤旗的世界！"

李大钊是新文化运动的主将之一，由于他的努力，使宣传马克思主义成为新文化运动后期的中心内容。随着马克思主义在中国影响的扩大和深入，越来越多的先进知识分子加入宣传马克思主义的行列中来。五四运动时期，在《新青年》《每周评论》等报刊上，介绍马克思主义的文章多达 200 多篇。这种状况，在近代中国报刊史上十分罕见。

在李大钊的影响下，陈独秀、毛泽东、周恩来、董必武、李达等一大批先进的中国人，学习和接受了马克思主义，深入农村、工厂进行社会调查，了解民众的疾苦，扩大了马克思主义的传播范围，使工人运动逐渐与马克思主义相结合。

3."南陈北李"的说法是怎么来的?

以陈独秀和李大钊为代表的中国早期马克思主义者认识到，十月革命之所以能取得胜利，是因为列宁建立了一个以马克思主义为指导思想的无产阶级政党——布尔什维克党，即俄国共产党（布）。要想取得中国革命的胜利，就必须建立中国自己的无产阶级政党——中国共产党。

那时候，北洋军阀政府代表的是封建地主、军阀和帝国主义的利益，在政治上十分反动。1920 年 2 月初，陈独秀应邀到湖北武汉发表演讲，宣传马克思主义，宣传社会主义。2 月 8 日，陈独秀回到北京，当地军警上门警告，要他在家中等候处置。陈独秀找到李大钊，商讨对策。李大钊颇具燕赵豪侠之风，毅然决定，护送陈独秀离开北京。2 月 10 日黎明时分，陈独秀扮成"东家"模样，李大钊扮成"账房"先生兼车夫，乘坐一辆带篷的骡车悄然离京，从天津转赴上海。一路上，两人讨论了建立中国共产党的事宜。他们一致认为，需要加快建党的进程，并相约在中国北方和南方分别从事建党的筹备工作。

陈独秀到达上海后，深入码头工人、劳动团体开展社会调查。4 月，他发表《劳动者底[①]觉悟》演说，高度评价工人阶级在社会中的重要地位，希望工人群众迅速醒悟，认识到自己的伟大力量和历史使命。

---

① 底，旧同"的"。

除了亲自深入群众调查，陈独秀还约请北京大学的进步学生和各地革命青年，广泛地调查工人状况，写下了28篇文章，发表在《新青年》纪念专刊《劳动节纪念号》上。1920年5月，他指导了上海工人的集会，喊出了“劳工万岁”的口号。

此外，他还创办了《劳动界》等刊物，启发工人觉悟，宣传马克思主义。6月，陈独秀同李汉俊、俞秀松等人商讨成立无产阶级政党组织，还起草了党的纲领。此后，陈独秀向李大钊征求党的名称，李大钊主张定名“共产党”，陈独秀表示完全同意。8月，上海共产党早期组织在法租界《新青年》编辑部正式成立，取名“中国共产党”，陈独秀任书记。

在北方，1920年1月，李大钊组织先进知识分子深入人力车工人居住区进行调查，他们为工人的悲惨生活所震动。3月，以五四运动的骨干和积极分子为主，成立了北京大学马克思学说研究会。这个研究会收集马克思主义书籍、举办座谈会、组织出版工作，为建党做了重要准备。5月，李大钊在北京大学召开的纪念国际劳动节会上，发表演说，盛赞俄国苏维埃政府取得的成就。8月，在北京陶然亭举行的茶话会上，有五大团体参加，李大钊、周恩来、邓颖超等发言，会议决定成立“改造联盟”，并制定宣言和约章。10月，北京的共产党早期组织在北京大学图书馆的办公室正式成立。当时取名“共产党小组”，李大钊负总责。1920年底，“共产党北京支部”成立，由李大钊任书记。

1920年8月，在上海共产党早期组织和陈独秀的直接指导下，武汉成立了“共产党武汉支部”。成员有董必武、陈潭秋、包惠僧等，大家推选包惠僧任书记。1920年初冬，长沙的共产党早期组织在毛泽东创办的新民学会秘密诞生。1921年春，在陈独秀等的主持下，成立了广州共产党早期组织，陈独秀、谭平山先后任书记。同一时间，由王尽美、邓恩铭等在上海、北京党组织的影响和帮助下，成立了济南的共产党早期组织。

除了国内6个城市成立了共产党早期组织，旅居法国、日本的华人也成立了共产党的早期组织。这些党的早期组织没有统一的名称，在性质上都属于后来成立的中国共产党的地方组织。它们成立后，创办报刊、翻译出版马克思主义著作，宣传和组织工人运动，推动了马克思主义在中国大地的进一步传播，促进了马克思主义与中国工人运动的结合，为中国共产党的成立准备了条件。

在南方，陈独秀先是在上海创建了中国第一个共产党早期组织，后来，他主持或直接指导了武汉、广州等地共产党早期组织的创建。在北方，李大钊在工人、学生中积极宣传十月革命和马克思主义，创建了北京共产党小组。陈、李二人身体力行，为中共一大的召开和中国共产党的创建，奠定了坚实的基础，在群众中享有很高的威望，被称为“南陈北李”。

三、中国共产党为什么会诞生在一艘画舫里？

1. 秘密召开的中共一大

中国共产党第一次全国代表大会，简称中共一大。1921 年 7 月 23 日，“一大”在李汉俊哥哥李书城位于上海法租界的公馆中秘密召开。7 月 30 日，代表们讨论正酣，一名陌生男子突然闯入，致使会议中断，参会代表迅速转移。10 多分钟后，法国巡捕房的多名警察前来搜查，他们翻箱倒柜，东西散落一地。一张写满了字的纸条被代表们遗忘在桌子抽屉里，万幸的是，那些警察并没有发现。屋内有众多的社会主义书籍，警察们反复盘问，李汉俊精通四国语言，从容应对，化险为夷。后来，会议的最后一天，转移到 300 里外的浙江嘉兴南湖的一艘游船上举行。

对此，大家可能不理解，“一大”为什么要秘密召开？

这是由当时的社会环境决定的。那时，中国仍是半殖民地半封建社会，统治中国的是北洋政府。北洋政府，是袁世凯窃取辛亥革命果实后建立的。袁世凯死后，中国陷入军阀割据混战局面。这些军阀，实质上，是帝国主义、封建地主势力利益的代表者和维护者，使中华民族和中国人民长期处在水深火热中。

中国共产党矢志救国救民，它以马克思列宁主义为行动指南。中国共产党第一次全国代表大会通过的党纲，明确规定：“革命军队必须与无产阶级一起推翻资本家阶级的政权，必须支援工人阶级，直到社会阶级区分消除为止”，“消灭资本家私有制，没收机器、土地、厂房和半成品等生产资料，归社会公有”，“联合第三国际（即共产国际）”。中国共产党想要以革命的手段，实现社会主义和共产主义的奋斗目标。这使得它与其他政党有本质区别。它代表的是广大人民的根本利益，与帝国主义和封建军阀是对立的。假如“一大”不是秘密召开，很可能会遭到军阀和帝国主义的破坏，而不能成功。

2. 相约建党的陈独秀、李大钊为什么没有参加“一大”？

李大钊和陈独秀在创建中国共产党的过程中，在宣传、组织、发起等方面做出了巨大的贡献。然而，陈独秀和李大钊都没有参加“一大”，这又是什么原因呢？

共产国际与中共一大

俄国十月革命后，许多国家建立了共产党。无产阶级革命形势的迅速发展，迫切需要建立新的国际组织。1919 年 3 月，在列宁的领导下，莫斯科举行了国际共产主义者代表大会，宣告成立共产国际，也称第三国际。共产国际的成立，使各国无产阶级有了团结战斗的中心，加速了各国共产党的建立，促进了国际共产主义运动的发展，对中国革命的发展产生了很大的推动和影响。

1921 年，共产国际代表马林和共产国际远东书记处代表尼克尔斯基，先后到达上海，并与上海的共产党早期组织成员李达、李汉俊建立了联系，在尽快召开全国代表大会的问题上达成一致。随后，李达与李汉俊同陈独秀、李大钊通过书信商议，决定在上海召开中国共产党第一次全国代表大会。

先说李大钊。李大钊既是北京大学的教授，还是北京多所学校教职工联合会的负责人。那时候，北洋政府常常拖欠教师的薪水，李大钊领导教师们发起了讨薪运动。这个运动本质上是为教职工的正当权利而进行的斗争，也是一种广义的工人运动。当上海的共产党早期组织向北京发出派代表参加建党大会邀请的时候，李大钊领导的这场讨薪斗争处于关键阶段。因此，李大钊脱不开身。北京的共产党早期组织最后选派了张国焘、刘仁静参加了“一大”。

“一大”的“幕后功臣”王会悟

王会悟（1898—1993），出生于浙江嘉兴书香世家。她从小追求进步，喜欢阅读《新青年》，反对封建传统，提倡男女平等。

中共一大召开时，作为李达的妻子，她主动请缨，全身心地参与了大会的筹备和会务工作。为解决会议地址的难题，在她的建议下，李达通过李汉俊借用李书城（李汉俊之兄，曾追随孙中山革命，当时不在上海）在上海的住宅（上海法租界贝勒路树德里三号）作为“一大”会议地点。

为解决代表的住处问题，她与博文女子学校董事长徐宗汉（黄兴之妻）联系，以借用该校空教室让暑假来上海旅游的北大学生住宿几天为名，将该校教室作为“一大”代表的住宿地。此外，她还积极协助联系各位参会代表。

7月23日，中共一大开幕后的几天里，她一直负责“放风”观察、会务、后勤等工作。7月30日，一名陌生人突然来到会场，会议被迫中止。代表们分批撤离到李达家。正当大家在为新的会议地点犯难时，王会悟提议：“我是桐乡人，曾在嘉兴女子师范学校读过书，对嘉兴情况比较熟悉。到嘉兴南湖租一只游船，在船上开会比较安全。”这个提议得到李达及与会代表的一致同意。

第二天，王会悟乘坐早班火车到达嘉兴南湖，提前预订船只、住所和中餐。随后，她赶往火车站去迎接参会代表。会议开始后，王会悟让船老大把船开到湖中心，然后自己坐在船头“放风”。代表们的午餐，是她用小拖船摆渡，送到船上的。这一天，会议通过了《中国共产党纲领》和《中国共产党宣言》，选举产生了以陈独秀为书记的中央领导机构。这样，中国共产党就在南湖这艘红船上正式诞生了。

再说陈独秀。筹备“一大”的时候，陈独秀正在广州。他受聘担任广东省教育委员会的负责人，要筹备创办一所大学，正在与政府协调有关的经费问题。最后，他就委派陈公博、包惠僧参加“一大”。陈独秀虽然没有亲自参加“一大”，但是，中共一大的许多筹备工作，都有他的参与。他所创立的上海共产党早期组织，就是“一大”的发起组。据有关资料，陈独秀参与了党的纲领等重要文件的起草。

3.“红船精神”为什么是中国共产党的精神之源？

翻开中国近代史，大家都会发现，中国共产党一诞生，中国革命面貌就焕然一新了。中国共产党党员的数量，由1921年成立时的58名，增加到2021年底的9671.2万名。在诞生后的100年时间里，中国共产党所取得的成就，举世瞩目。很多人会产生疑问：到底是什么力量，使得中国共产党在短短的100年中，让一个饱受列强侵略和掠夺、政治腐败、军阀割据、经济落后、社会凋敝的旧中国，变成了一个独立、自主、统一、富强的中华人民共和国？

抗战时期，一首火遍敌后抗日根据地的歌曲，似乎可以帮助我们理解中国共产党成功的原因。

1943年，年仅19岁的曹火星加入中国共产党。当时，他是晋察冀边区群众剧社的音乐组组长。他和他的战友们，经常深入位于华北抗日前线的平西根据地，积极开展抗日宣传。他深切地感受到革命队伍中的温暖，根据地人民对共产党的热爱，在中华民族生死存亡的关键时刻，表现出来的克服困难、前赴后继、坚持抗战的革命热情。一天，他联想到自己在《解放日报》上读过一篇名为《没有共产党就没有中国》的社论文章，突发灵感，以此为主题，借用当地流行的民歌形式，满怀激情地创作了一首抗战歌曲——《没有共产党就没有中国》。

1950年，毛泽东听到女儿李讷在唱《没有共产党就没有中国》，认为早在中国共产党诞生之前，中国就已经存在几千年了，这样表述不科学、不准确，于是建议在歌词“中国”前面加一个“新”字。后来，这首歌的歌名，就改为《没有共产党就没有新中国》。

这首歌，从抗战时期传唱至今，家喻户晓，几乎人人会哼上几句。这首歌为什么会被中国人民传唱数十年，历经数代人？中国共产党自身一定有某种深入人心的精神力量，才能获得广大人民的衷心拥护与支持。

1945年，毛泽东在党的七大上指出：“我们党尝尽了艰难困苦，轰轰烈烈，英勇奋斗。自古以来，中国没有一个集团，像共产党一样，不惜牺牲一切，牺牲多少人，干这样的大事。”

据有关统计资料显示，1921—1949 年的 28 年里，为中国革命牺牲的有名可查的革命烈士就有 370 多万人，平均每天牺牲 370 多人。在整个人类历史上，找不出第二个像中国共产党这样，为了人民幸福、民族解放而敢于牺牲的政党。

有人会问，仅仅具有牺牲精神，中国共产党就能获得人民的支持、取得如此震惊世人的成就吗？

当然不是。1921 年 7 月，中国共产党诞生。从此，中国共产党始终站在历史和时代发展的前列、保持其先进性，比如，以毛泽东为核心的第一代中央领导集体，从实际出发，开创了“以农村包围城市，武装夺取政权”的独特的革命道路；在社会主义现代化建设新时期，以邓小平为核心的第二代中央领导集体，根据中国国情，开辟了中国特色社会主义道路，这些都体现了一种“开天辟地、敢为人先”的首创精神。

中国共产党诞生之后，中国革命有了坚定的理想信念和强大的精神支柱，体现了“坚定理想、百折不挠”的奋斗精神，比如，第五次反“围剿”失利后，为实现战略转移的目标，中国工农红军不屈不挠，一往无前完成了二万五千里的长征。

从诞生的那天起，中国共产党从来就没有自己的私利，而是以全心全意为人民谋福利为根本宗旨，体现了“立党为公、忠诚为民”的奉献精神。

这些都是中国共产党“红船精神”的内涵。

在中国共产党长期的革命实践中，先后诞生了井冈山精神、长征精神、延安精神、西柏坡精神。这些精神的源头，都是“红船精神”。它们是 100 年来中国共产党革命、建设和改革事业中，克服艰难困苦、最终战胜强敌的最可宝贵的精神财富和力量。

第三节　国民革命，北伐战争

我们每当获得阶段性胜利，经常用一句“革命尚未成功，同志仍须努力”来加以勉励。短短十二字对仗，展现着力量和希冀。这句话是伟大的民主革命先行者孙中山先生的遗训：“余致力国民革命凡四十年，其目的在求中国之自由平等。积四十年之经验深知欲达到此目的，必须唤起民众及联合世界上以平等待我之民族，共同奋斗。现在革命尚未成功，凡我同志，务须依照余所著《建国方略》《建国大纲》《三民主义》及《第一次全国代表大会宣言》，继续努力，以求贯彻。”那么这场尚未成功的革命所指为何？“同志”又是如何继续努力的呢？下面就让我们走进轰轰烈烈的大革命时期。

一、《国民革命歌》反映了什么历史事件？

“两只老虎，两只老虎，跑得快，跑得快。一只没有眼睛，一只没有尾巴，真奇怪！真奇怪！”这首脍炙人口的儿歌《两只老虎》，今天听起来旋律可爱，内容通俗。其实它最初的版本并不是这样，原作是法国童谣《雅克弟弟》，歌词翻译过来是：“雅克弟弟，雅克弟弟，你在睡吗？你在睡吗？去敲响晨祷的钟，去敲响晨祷的钟！叮，叮，当！叮，叮，当！”这首歌流传很广，到了英国被改编为《约翰弟弟》；到了德国，又变成了《马克弟弟》；当它到了中国，更发挥了完全不一样的力量，它的流变见证了中国近代的风风雨雨。其中最广为人知的版本就是黄埔二期学员邝鄘（yōng）任国民革命军政治部宣传科科长时创作的《国民革命歌》：“打倒列强，打倒列强，除军阀，除军阀。努力国民革命，努力国民革命，齐奋斗，齐奋斗！打倒列强，打倒列强，除军阀，除军阀。国民革命成功，国民革命成功，齐欢唱，齐欢唱！打倒列强，打倒列强，除军阀，除军阀。国民革命成功，努力国民革命，齐奋斗，齐奋斗！”

往事钩沉

1926年7月，由于《国民革命歌》影响面实在广泛，还曾成为国民政府的暂代国歌。后来，这首《两只老虎》的曲调还被填过“工农学兵，工农学兵，大联合！大联合！打倒帝国主义，打倒帝国主义！齐奋斗，齐奋斗！”的歌词。

与此同时，蓬勃发展的中国共产党也重新将该曲填词，改编为《土地革命歌》。电影《闪闪的红星》中就有我们熟悉的旋律。“打倒土豪，打倒土豪，分田地！分田地！我们要做主人，我们要做主人！真欢喜，真欢喜！”

简单的歌词，配上简单的曲调，随着国民大革命轰轰烈烈的进程，一时间广为传唱；无论是演唱者，还是听众，都能从中获得力量。那么，什么是“国民革命”呢？国民革命是中国共产党和中国国民党展开合作，进行的反对帝国主义、封建主义的运动。第一次国共合作，加快了中国革命前进的步伐。1925年7月，国民政府在广州成立，决定将所属各军一律改称国民革命军。到了年底，国民革命军肃清了广东境内的军阀势力，统一了广东革命根据地。与此同时，五卅（sà）运动和省港大罢工也推动了全国革命形势的高涨。

1925年5月，上海日商内外棉七厂的日本大班（经理），枪杀带领工人冲进工厂要求复工的工人顾正红，激起上海工人、学生和广大群众的极大愤怒。5月30日，上海工人和学生前往南京路示威游行。公共租界的英国巡捕向示威群众开枪，伤者不计其数，这就是震惊全国的五卅惨案。几天以后，上海和其他地方又连续发生英、日等国军警枪杀中国民众的事件，激起了全中国人民的极大愤怒。多年来深埋在中国人心中的对帝国主义侵略者的怒火一下被激发出来，形成大规模罢工、罢学、罢市局面。

为了加强对运动的领导，中共中央决定成立专门指挥机构——上海总工会和具有联合战线性质的上海工商学联合委员会，从通商都市到偏僻乡村，处处有群众发出“打倒帝国主义”“废除不平等条约”的怒吼。1925年6月，在中华全国总工会领导下，香港工人举行大罢工。港英当局实行戒严对付罢工，罢工群众纷纷离港到广州。6 月 23 日，回广州的香港工人与广州各界群众举行示威游行，当游行队伍经过沙面租界对岸的沙基时，遭到英帝国主义军警的开枪射击和军舰炮轰，这就是沙基惨案。惨案发生后，广州工人掀起更大规模的工人罢工。省港大罢工历时 16 个月，沉重地打击了帝国主义。中国共产党也在领导运动的过程中得到很大发展，党员从年初的不到1000 人，到年底扩大了10倍，云南、广西、安徽、福建等原来没有党组织的地方也建立了党组织。

在这些运动蓬勃发展的背景下，国共两党一起合作完成了广东革命根据地的统一。1925 年 7 月 1 日，广东国民政府正式成立，并将黄埔军校学生军和各地方部队重新改编为“国民革命军”。其中，黄埔军校学生军为第一军；共产党员周恩来、李富春、朱克靖、罗汉、林祖涵（即林伯渠）分别担任第一、第二、第三、第四、第六军的副党代表兼政治部主任，担负起国民革命军中的政治工作。

10月 1 日，国民革命军举行东征，击败陈炯明[①]残部，广东革命根据地基本统一。与此同时，北方地区的革命活动也迅速发展起来。李大钊和中共北方党组织进行了争取冯玉祥及其国民军的工作。

二、北伐战争中，被誉为“铁军”称号的是谁?

1926 年 7 月 9 日，国民革命军在“打倒列强除军阀”的雄壮口号中誓师北伐，以推翻吴佩孚、孙传芳、张作霖等北洋军阀的统治，统一全国。当时北洋军阀直接掌握的军队有 70 万人，而国民政府所辖的国民革命军只有 10 万人左右。但是这些军阀失去民心，内部四分五裂——吴佩孚控制着湖南、湖北、河南三省和直隶保定一带；孙传芳盘踞在南方，掌苏、浙、皖、赣（gàn）、闽五省；实力最雄厚的奉系张作霖，控制着东北三省，与段祺瑞互相勾结，操纵北京政府，不仅排斥冯玉祥的国民军，而且将手伸到了长江流域，加剧了与吴佩孚的矛盾。

早在 1925 年 9 月，苏联军事顾问加伦就提出了“集中兵力、各个歼敌”的北伐军事战略方针。一开始，国民革命军将领也各有算盘，准备同时向湖南和江

---

① 中华民国粤系军事将领，创建中国致公党。

西进军，即同时与吴佩孚、孙传芳作战。经过加伦的多次劝说，终于在国民革命军内部达成一致。国民革命军从南方起兵，先拿力量最薄弱的吴佩孚“开刀”，采用谈判斡旋的方式，稳住孙传芳，使其打着“保境安民”的旗号，暂时保持中立。

叶挺领导的第四军独立团是北伐军先锋部队。1926 年 8 月中旬，独立团攻破敌人吹嘘为“固若金汤”的平江城，离开湖南，向湖北发动进攻。首先要攻破湖北南部的重要门户汀（tīng）泗桥。汀泗桥是武汉南大门，是粤汉铁路的一个军事要隘。它三面环水，东面是山冈丘陵，长满树木，北面是经常泛滥的湖沼，唯有一条铁路可以进入汀泗桥，因而被称为天险，是兵家必争之地。当时，军阀部队在汨罗江防线崩溃后，决定固守汀泗桥，求得喘息机会，等待后援部队，再行反攻。因此，国民革命军必须迅速拿下此桥，打破敌人死守待援的计划，以打通直捣武汉的门户。因此，夺取汀泗桥就成了北伐战争中具有决定意义的一仗，也是战斗最激烈的一仗。

8 月 26 日，北伐军分三路向汀泗桥守敌发起进攻。当日，长江溃堤，河水暴涨，桥的三面被洪水包围，水深河阔，进攻困难，战斗异常激烈。晚上，北伐军采取“全线袭击，突破敌人高山阵地”和“绕道古塘角抄攻敌背后”的战术破敌；黄琪翔领导的三十六团正面佯攻吸引敌人注意力。27 日凌晨，叶挺独立团在当地农民汪远福的带领下，绕道古塘角，抄小路迂回到敌后，出其不意发起猛攻，突破敌人阵地。北伐军其他部队同时发起猛攻，敌人仓皇溃退，北伐军占领汀泗桥。为了挽救直系军阀的命运，吴佩孚军在汀泗桥战役失败后，急忙退守贺胜桥。贺胜桥号称“鄂南第二门户”，地势非常险要，西、东两面分别以黄塘湖和梁子湖为依托，当时涨水，两湖之间的陆地十分狭小。吴佩孚视此战为其生死存亡之战，亲自指挥督阵，投入空前兵力。

8 月 30 日凌晨，第四军独立团和十二师等攻击部队，向粤汉铁路两侧重要据点发动进攻，并占领了这些地方。在得到其他各旅的配合后，向敌军第一道防线重要阵地进攻。吴军精锐部队以优势兵力和密集炮火，也向北伐军进攻，并出动铁甲车助战。北伐军第四、七两军协同进攻，直冲敌阵，白刃肉搏，以一当十，前仆后继，奋力拼杀，终于攻破了敌军的第一道防线，迅速向纵深推进。上午 10 时许，北伐军各路向敌军第二道防线进攻，独立团攻敌主要阵地印斗山。

随后，第四军第十、十二师向敌防线全面进击。火力之猛，前所未有，敌军抵挡不住，纷纷向后退却。吴佩孚亲自手刃退却之旅长、团长10余人，以惩戒作战不力的军官，并下令督战的大刀队扼守各主要路口，大量杀戮后退士兵。后退士兵向督战队开火，敌军混乱，互相厮杀，乱作一团，有的士兵还向吴佩孚的指挥车射击。任何办法已不能阻止北伐军前进，吴佩孚不得不下令后退。北伐军第四军乘胜攻占了贺胜桥。

在汀泗桥和贺胜桥的战役中，叶挺独立团建立了赫赫功勋，成为百战百胜的先锋队，为它所在的第四军赢得了“铁军”称号。

1926年10月10日，北伐军第四、第八两军发动对武昌的总攻，占领武昌城，活捉万余名守敌，基本消灭吴佩孚的军队。攻打武昌时，叶挺独立团再次立下战功。攻城命令一下达，叶挺即发动官兵准备竹梯登城，并且亲自指挥全团进攻。共产党员和共青团员冒着枪林弹雨冲锋陷阵。第一营作为奋勇队（敢死队）攻城时，遭敌人猛烈射击，死伤过半，营长阵亡。第二营攻城也多次受阻，损失惨重。但全团官兵依然艰苦拼搏，最终率先攻入武昌城。战后，独立团党支部决定在武昌洪山修建攻城官兵烈士墓，安葬将近200名革命烈士，墓碑上镌刻着“先烈之血”“主义之花”“诸烈士的血铸成了铁军的荣誉”等诗句，见证了共产党人和革命军人在北伐中的不朽功绩。

第四节　星星之火，可以燎原

1910年（辛亥革命前夕），毛泽东离开家乡，留给亲人一首《七绝·改诗赠父亲》:“孩儿立志出乡关，学不成名誓不还。埋骨何须桑梓地，人生无处不青山。”18年后，毛泽东在青翠的五百里井冈山开辟了一条崭新的革命道路。1928年9月毛泽东为庆祝胜利写下了《西江月·井冈山》这首脍炙人口的词篇:“山下旌（jīng）旗在望，山头鼓角相闻。敌军围困万千重，我自岿然不动。早已森严壁垒，更加众志成城。黄洋界上炮声隆，报道敌军宵遁。”1960年中国共产党的创始人之一董必武在访问“中国革命的摇篮”井冈山时，曾如此评价这片沃血热土:“四面重峦障，五溪曲水萦。红根已深植，今日正繁荣。”

“天上的北斗亮晶晶，八角楼的灯光通通明。毛委员就是那掌灯的人，照亮中国革命的万里程……”《八角楼的灯光》这首歌从1928年就开始在井冈山地区传唱。八角楼位于井冈山茅坪村，是毛泽东1927年10月至1929年1月期间经常居住和办公的地方。因为屋顶有一个八角形的天窗，被人们形象地称作“八角楼”。在艰苦斗争时期，毛泽东借着清油灯里一根灯芯的闪烁微光，写下了《中国的红色政权为什么能够存在？》《井冈山的斗争》两篇光辉著作。

大家知道毛泽东当年为什么要率领部队上井冈山吗？几篇光辉著作的理论阐述，给中国革命道路带来怎样的意义？今天重上井冈山，还能找到当年炮声隆隆的黄洋界吗？还能看见毛泽东、朱德和红军战士们走过那条蜿蜒陡峭的挑粮小道吗？带着敬意与疑问，我们追随当年革命志士的脚步，重温那一段筚路蓝缕的革命斗争岁月。

头脑风暴

井冈山是中国革命的摇篮。井冈山斗争的伟大实践，对中国革命道路的探索和抉择、对中国共产党和人民军队的成长，具有怎样的关键意义？

一、1927年国民革命失败后，中国共产党何去何从？

1. 湘赣边秋收起义受挫

1927年，年轻的中国共产党将经历革命道路的抉择，艰难开拓马克思主义中国化之路。毛泽东曾说过："我们的战争是从一九二七年秋天开始的，当时根本没有经验。南昌起义、广州起义是失败了，秋收起义在湘鄂赣边界地区的红军也打了几个败仗，转移到湘赣边界的井冈山地区。"

通过阅读《中国共产党简史》和查阅《引兵井冈与莲花决策——毛泽东何时何地决策向井冈山进军新说》，大家可以理解"引兵井冈"这一抉择的偶然性和必然性！

1927年9月9日秋收起义爆发，毛泽东原计划要攻打大城市长沙，但因攻打浏阳受挫，率兵前往湘南途中又与敌军遭遇，在芦溪再走"麦城"，总指挥卢德铭为掩护部队突围而壮烈牺牲！之后毛泽东带领部队攻克了江西省萍乡市莲花县城，此时接到了江西省委派宋任穷送来的密信，然后在莲花县决定将部队带到江西省永新县三湾村，再上井冈山。

当然，历史需要细节，才会让多年后的人们如临其境，从而增加"历史理解"！

毛泽东是如何知道井冈山的？这里有两个小插曲：一次是毛泽东在1927年2月来湖南衡山做农民运动调查时，听一个矿工说从安源到莲花再走百多里路，就是林密山险的井冈山。那儿山高皇帝远，有绿林好汉占山，国民党的统治也不能达到。由此，"井冈山"这个地名被毛泽东记在了脑海里。第二次是1927年9月初，毛泽东以中央特派员身份在江西安源张家湾村召开军事会议，传达"八七"会议精神，出席会议的秋收起义部队第二团团长王兴亚向毛泽东说起了井冈山。这又加深了毛泽东对井冈山山高林密、易守难攻的印象。

在部署完军事工作后，毛泽东郑重地让大家还要考虑一个问题——在敌强我弱、暴动失利的情况下，部队的退路在哪里？与会人员七嘴八舌地议论着。这时，王兴亚试探着说："要是咱们打输了的话，就退到我的两个老庚[①]袁文才、

① 一般指同年生的但不一定是同月同日出生而结交的朋友，是江西、湖南、湖北、四川等某些地区的名词。

王佐那里去。”大家忙问是哪个地方，他接着说：“江西的井冈山嘛！”主持会议的毛泽东便让他把井冈山和袁、王的情况向大家讲清楚。王兴亚向大家介绍：“井冈山可是个好地方！那里高山大岭，森林茂密，险要得很呢，进可攻，退可守，而且连绵好几百里，能安得下千军万马！”听完大家的议论，毛泽东看看挂在墙上的地图，他认为，这块像眉毛一样的地方，是罗霄山脉[①]中段，山高水险，地势险要，森林茂密，是个理想的落脚点。这里的群众基础也好，有自给自足的自然资源，特别是井冈山地区，是个积草囤粮、聚集革命力量的好地方，大家可以在这里建立根据地。会议一直开到深夜。经过激烈争论，终于通过了毛泽东提出的向罗霄山脉中段进军的主张。

1927 年 9 月 29 日下午，毛泽东和部队官兵进驻了江西永新三湾村，在进行部队改编的同时给袁文才写了一封信，表达了秋收起义部队上山的意愿。这封信在当天晚上由江西两位老表送往宁冈茅坪。袁文才收到信后当即给毛泽东写了一封回信：“毛委员，敝地民贫山瘠，犹江池难容巨鲸，片林不栖大鹏，贵军驰骋革命，应另择坦途。”毛泽东明白袁文才心存忧虑，便又修书一封派人送去。毛泽东在信中表达了“结为友好、联合一致”的意图，让袁文才定心。

但是，一切并非如此简单。要引兵井冈，首创井冈山革命根据地，还需一番大智慧！

2. 引兵井冈，睦联袁（文才）王（佐）

1927 年 10 月 3 日傍晚，毛泽东带领部队到达了宁冈县[②]的古城，并驻扎在县城里的联奎书院，毛泽东就住在书院的后厢房里。就在这间后厢房里，毛泽东主持召开了一次极其重要的前委会议，让前委同志充分发表意见，献计献策——怎么才能更好地与驻防在井冈山地区的两支农民自卫军首领袁文才、王佐打交道，减少阻力，使部队能顺利上井冈山，并能在井冈山扎下根来。毛泽东在会上风趣地说：“井冈山是人家的地盘，人家是山大王，不是你想上就上的，要经人家同意才行啊！”

那么，袁文才、王佐及他们的农民自卫军又有怎样的由来呢？袁文才很早

① 位于湖南省东部和江西省西部交界处。

② 原隶属于江西省吉安地区，后被撤销，并入井冈山市。

就参加了绿林组织，但是在大革命中受到共产党的影响，倾向革命，同情共产党，1926年，他加入中国共产党并把绿林队伍转变为农民自卫军。袁文才其实是特殊时期党组织中的一个特殊党员，他的思想深处还残留着许多同党的性质、任务、要求不相适应的东西，他与当地党组织基本上是一种合作的关系。袁文才在自己的队伍里有着绝对的权威，因此，与袁文才相处最好的办法是亲近他，帮助他。而王佐又是另一种情况，他不是共产党员，完全是一副绿林好汉、山大王的派头，曾和袁文才结拜兄弟。袁文才、王佐的部队各有一百六七十多号人，七八十条枪。袁文才的农民自卫军驻在井冈山下的茅坪，王佐的部队驻在井冈山上的茨坪和大小五井等处。两支队伍遥相呼应，互相配合，控制了整个井冈山，两人成为名震一方的山大王。这两支农民自卫军尽管人数不多，装备不精，但占山为王，旧习气较浓，他们不了解共产党的性质、任务和斗争目标。

毛泽东实事求是地分析了袁文才、王佐的情况后说："井冈山有袁文才这样可以依靠的政治力量，而且还有丰富的物产，山势这么险峻，确是一个屯兵的好地方啊！但是我们如何与袁文才、王佐打交道，征得他们的同意后上井冈山？这是一个十分棘手但又必须面对和认真解决的问题。"当时有同志在会上表现出看不惯袁文才和王佐那一套做法的情绪，提出用武力解决他们。毛泽东非常果断地说："历史上有哪个能把三山五岳的土匪消灭掉，何况这还是农民武装，还是我们可以依靠的力量，怎么能把他们消灭呢？大家共同革命，力量才大嘛！"毛泽东耐心地向大家解释："历史上又有哪个占山为王的人会主动让外人进来，还不是要靠我们自己做好工作，以情打动他们，让他们自觉自愿地欢迎我们去。不但高兴地要我们去，我们去了之后，还要继续努力，帮助教育他们，改造他们，使他们跟我们一道走上真正的革命武装道路。"毛泽东的一席话入情入理，得到了大多数同志的拥护和赞同。

由于袁文才是共产党员，毛泽东决定先与他见面。毛泽东带领部队进驻宁冈古城后，与袁文才约定10月6日在宁冈县的一个叫林家祠堂的地方会面。由于是第一次相会，袁文才对毛泽东仍存有戒心，在祠堂周围事先埋伏了20多人，并且人手一枪，戒备森严。可让袁文才意想不到的是，毛泽东只带了何长工等三四个人赴约，而且都没携枪，这使得性格豪爽的袁文才很惊诧和感动，袁文才由此佩服毛泽东！见面后毛泽东就高度赞扬了袁文才的队伍为了当地百姓，杀富济贫，周济穷困，在这么艰苦的环境里坚持斗争非常不容易。毛泽东诚恳地表示：“我们来到井冈山，不是与你们占山头，抢地盘，而是一起发展我们的力量，巩固好根据地，共同对付我们的敌人。”袁文才心中的石头落了地，心悦诚服地回答：“既然你们来了，我们有福同享，有难同当，伤员和部队的粮油我来管。”当袁文才说到自己目前有一百六七十号人、五六十支枪时，毛泽东很爽快地答应送他们100支枪，加强他们的武装。袁文才听了喜出望外，马上给毛泽东回赠1000块大洋，并且同意毛泽东的部队驻防茅坪建立后方医院和留守处。而后，袁文才向王佐告知了同毛泽东会面的情况。当袁文才告诉王佐，毛泽东给了他100支枪时，王佐的眼睛都亮了，感慨毛泽东的大方出手，自然就急切地希望与毛泽东见面。一见面，两人的谈话气氛十分融洽，毛泽东答应给王佐的队伍70条枪。作为回赠，王佐给毛泽东送来了500担稻谷和一些银圆，并同意接纳毛泽东的部队上井冈山！

杜鹃花红五百里井冈，联合友好方长久，实事求是闯新路！1927年10月27日，毛泽东带领的工农革命军终于从大井走上了茨坪，从而在井冈山正式安下了家。井冈山，中国革命的摇篮，毛泽东等革命志士创建的第一个农村革命根据地，就这样诞生了。日后，毛泽东将在此开辟“以农村包围城市、武装夺取政权”具有中国特色的革命道路！

二、毛泽东是怎样把中国革命的重心转移到农村的?

1. 建立井冈山革命根据地——点燃工农武装割据的星星之火

（1）枫石树下的信念

茅坪枫石，位于江西，2018年3月成为江西省第六批省级文物保护单位。“枫石”不是石头，而是一棵枝繁叶茂的大树。今天在这棵大树下，大家可以看到这段生动的“枫石景区简介”：井冈山斗争时期，毛泽东经常在这里看书、思考问题和找群众访问情况。由于这棵枫树生长的环境奇异，毛泽东借此打比喻说：“这棵枫树，长在石缝里，长大后，竟把石头撑开了。我们闹革命，现在力量虽然弱小，但只要坚持下去，就一定能撑破蒋介石反动政府这块大石头。”毛泽东的话富有哲理，意义深长，对激励红军战士和群众的斗志起了很大的作用。

为什么“闹革命”？毛泽东在中华人民共和国成立后曾对外国朋友说过：“有了共产党以后，就进行了革命战争。那也不是我们要打，是帝国主义、国民党要打。一九二一年，中国成立了共产党，我就变成了共产党员。那时候，我们也没有准备打仗。我是一个知识分子，当一个小学教员，也没学过军事，怎么知道打仗呢？就是由于国民党搞白色恐怖，把工会、农会都打掉了，把五万共产党员杀了一大批，抓了一大批，我们才拿起枪来，上山打游击。”这就把大革命失败后共产党人的抉择说得一清二楚了！

如何“撑破蒋介石反动政府这块大石头”？秋收起义受到严重挫折后，在湖南浏阳文家市前委会议上，毛泽东果断地提出了上山做“特殊的山大王”的主张，从而改变了原定“取浏阳直攻长沙”的攻打大城市的暴动计划，走上了井冈山革命的道路。在文家市，毛泽东用“我们这块小石头，一定要打烂蒋介石那口大水缸”的哲理，阐述“革命一定会胜利”的信念！

“力量虽然弱小”，如何“坚持下去”？开辟井冈山革命根据地，万事开头难，党内的机会主义者曾讥笑说：“毛泽东住在井冈山顶，特委住在山腰，区委住在山脚，首先知道刮风下雨，晓得什么世界形势，谈什么革命？”可他们不知道，当时的中国和俄国十月革命时的情况不同，井冈山道路的可贵之处就在于马克思主义中国化！毛泽东后来回忆说：“我没有吃过洋面包，没有去过苏联，也没有留学别的国家。我提出建立以井冈山根据地为中心的罗霄山脉中段红色政权，实行红色割据的论断，开展‘十六字’的游击战和采取迂回打圈战术，一些吃过洋面包的人不信任，认为山沟子里出不了马克思主义。”1936年毛泽东给红军大学的讲义《中国革命战争的战略问题》中就曾这样解释：“中国是一个大国——‘东方不亮西方亮，黑了南方有北方’，不愁没有回旋的余地。”

“山沟子里的马克思主义”，“山沟子”就是井冈山。马克思主义中国化的道路，创业艰辛、筚路蓝缕的起点就始于井冈山！朱德满怀深情地说过：“红军荟萃井冈山，主力形成在此间。”周恩来也意味深长地分析道：“建立农村革命根据地，以农村包围城市，当时只有毛主席提出来。其他的人对这一路线不明确，甚至有的怀疑，有的反对。关键问题在井冈山，没有井冈山的斗争就没有今天。”“起义是大家的一个共同想法，而建立一支什么样的军队，并不明确，是毛主席把这个问题解决了。”

“我们这个山大王，是特殊的山大王，是共产党领导的，有主义、有政策、有办法的山大王，是代表人民利益的工农武装。”这就是毛泽东的回答！习近平总书记评价：“毛泽东同志表现出一个伟大革命领袖高瞻远瞩的政治远见、坚定不移的革命信念、勇于开拓的非凡魄力、炉火纯青的斗争艺术、杰出高超的领导才能。”2016 年 2 月，习近平总书记考察井冈山时也指出，井冈山是革命的山、战斗的山，也是英雄的山、光荣的山。

史海泛舟

井冈山斗争时期的毛泽东与三篇光辉著作

毛泽东不仅在实践中首先把革命的进攻方向指向了农村，而且从理论上阐明了武装斗争的极端重要性和农村应当成为党的工作中心的思想。早在 1928 年 10 月和 11 月，毛泽东就写了《中国的红色政权为什么能够存在？》和《井冈山的斗争》两篇文章，明确地指出以农业为主要经济的中国革命，以军事发展暴动是一种特征；同时还科学地阐述了共产党领导的土地革命、武装斗争与根据地建设三者之间的辩证统一关系，强调工农武装割据的思想是共产党和割据地方的工农群众必须具备的一个重要思想。1929 年 4 月，针对共产国际和中共党内某些人担心农村斗争超过城市斗争将不利于中国革命的观点，毛泽东指出：半殖民地中国的革命，只有农民斗争得不到工人的领导而失败，没有农民斗争的发展超过工人的势力而不利于革命本身的。

随着红军的发展和根据地的扩大，1930 年 1 月，毛泽东在《星星之火，可以燎原》一文中进一步指出：红军、游击队和红色区域的建立和发展，是半殖民地中国在无产阶级领导之下的农民斗争的最高形式，和半殖民地农民斗争发展的必然结果，并且无疑义地是促进全国革命高潮的最重要因素。以毛泽东为书记的红四军前敌委员会还明确地提出了“农村工作是第一步，城市工作是第二步”的思想。

（2）“雷打石”见证工农革命军“三大纪律”的诞生

荆竹山坐落在江西、湖南两省的交界，因山上遍布荆竹而得名，位于井冈山茨坪的西南面。在荆竹山下有一块花岗岩，长 3 米，宽 2 米，顶端有裂纹，据说是被雷电击破从山上滚落的巨石，当地百姓称“雷打石”。这块普通却不平凡的石头见证了一段工农革命军“三大纪律”诞生的历史。

1927 年 9 月湘赣边秋收起义受挫，毛泽东决定沿湘赣边界向南进军。转战井冈山的战斗中，部队状况十分狼狈。当时担任连队党代表的罗荣桓（huán）回忆：“大家又饥又渴，无精打采，稀稀落落地散坐在地上。毛泽东站起身来，朝中间空地迈几步，双脚并拢，身体笔挺，精神抖擞地对大家说：‘现在来站队！我站第一名，请曾连长（即曾士峨）喊口令！’”在随后的行军过程中，士兵掉队或离队、长官打骂士兵、士兵刨食农民红薯等现象时有出现。9 月 29 日，部队行进至江西省永新县三湾村时，由原来的 3 个团 5000 余人，锐减至不足 1000 人。此时，部队官兵成分复杂，政治觉悟参差不齐，军官对士兵的管理全靠命令和体罚，以致全无民主气氛，内部关系紧张。为了巩固新生革命军队力量，适应斗争需要，毛泽东决定在三湾实行改编，重建部队的军事、政治、组织纪律。

1927 年 10 月 23 日，毛泽东率领工农革命军在江西省遂川的荆竹山宿营，为上井冈山做准备。当年在场的老战士陈士榘（jǔ）在《三大纪律、六项注意的由来》一文中回忆说：“在荆竹山，毛委员首先给我们介绍了身边一个穿便衣的人，他是王佐派来的代表，欢迎我们上山的。接着，毛委员简略地介绍了井冈山的情况，又告诉大家，今天，我们就要上井冈山了，要在那里建立根据地。大家一定要和山上的群众搞好关系，要和王佐的部队搞好关系，做好群众工作。”为了防止违反纪律的事情发生，毛泽东在第二天出发前组织部队集合，登上“雷打石”并宣布了工农革命军的“三大纪律”：“第一，行动听指挥；第二，筹款要归公；第三，不拿老百姓一个红薯。”这是工农革命军最初颁布的“三大纪律”。10 月 27 日，起义部队到达井冈山茨坪，开始了创建井冈山革命根据地的艰苦斗争。

毛泽东深知严明的群众纪律对军队建设的重要性，在领导秋收起义时，就要求部队官兵对待人民群众说话要和气，买卖公平，不拉夫，不打人，不骂人。因为当时部队成分复杂，从旧军队过来参加革命的官兵还存在军阀作风，农军中相当一部分人小农意识严重，加之文盲占绝大多数。要把这样一支队伍改造成人民军队，仅凭说大道理是不行的。毛泽东实事求是，创造性地从日常行为入手，言语通俗，道理简单，易懂易行。部队上山后严守“三大纪律”，很快在井冈山站稳了脚跟。

1928 年 1 月，朱德率南昌起义军余部进入湘南，在当地共产党人的配合下，发动湘南起义。为扩大起义规模，党中央明确要求湖南省委调毛泽东部队下山予以支援。1 月 25 日，毛泽东率部队下山，在遂川县城对工农革命军提出“一个红枣都不能动”的要求，并宣布工农革命军最早的“六项注意”：“还门板，捆铺草，说话和气，买卖公平，不拉伕、请来伕子（方言，指出力干活的人）要给钱，不打人骂人。”至此，工农革命军“三大纪律六项注意”的制度基本形成。对此，陈士榘在文中回忆道：“他（毛泽东）特别解释说：‘损坏老百姓的东西，一定要赔偿。虽说打破旧缸赔新缸，新缸不如旧缸光，但是赔总比不赔好。’他提出的要求合情合理，简明扼要，大家很容易接受，并且也容易做好。当我们把毛委员的指示贯彻到行动中去以后，群众的不满情绪也就随之消失了。过去部队一到，群众便逃之夭夭；经过我们广泛宣传和实际行动证实以后，群众再看到我们，不仅不跑，还主动帮助我们调查土豪、地主、坏分子，配合我们开展工作。从此完全改变了我军同群众的关系。”为使这一制度真正得到落实，毛泽东还在部队中专门成立了“纪律检查组”。当部队离开一个地方后，纪律检查组的成员就分头到群众中了解官兵遵守纪律的情况，并及时处理违反纪律的人。

1928 年 4 月底，朱德率领南昌起义军余部与毛泽东率领的秋收起义部队会合。5 月 4 日，两军召开会师大会，宣布两军正式合并，成立工农革命军第四军（后改称工农红军第四军）。毛泽东代表工农革命军第四军军委宣布了“三大任务”和“三大纪律六项注意”，要求指战员认真执行。后来，“三大纪律六项注意”发展为“三大纪律八项注意”，共十一项内容。三大纪律是：一、一切行动听指挥；二、不拿群众一针一线；三、一切缴获要归公。八项注意是：一、说话和气；二、买卖公平；三、借东西要还；四、损坏东西要赔；五、不打人骂人；六、不损坏庄稼；七、不调戏妇女；八、不虐待俘虏。当时，民众中流传着一首歌谣：“红军纪律真严明，行动听命令；爱护老百姓，到处受欢迎；遇事问群众，买卖讲公平；群众的利益，不损半毫分。”

2017 年中国人民解放军建军 90 周年、也是井冈山革命根据地建立 90 周年之际，邓明辉写下了《井冈山上的5个故事和永不磨灭的红色记忆》，文中也提到：“三大纪律”不仅在井冈山革命根据地得到很好的执行，在其他红军部队也得到广泛应用。鄂豫皖苏区创建初期，党代表吴焕先带领的红军部队被敌人围困在湖北黄安县[①]紫云山区，已经断粮3天。最后突围时，吴焕先才准许每人从附近老乡的地里扒两个红薯充饥，留下布条写明红军扒红薯吃的原因，包上5块银圆，埋在红薯根下面。此事传开后，共产党和红军在群众中的威信迅速得到提升。

以“三大纪律六项注意”为核心的红军纪律制度，是中国共产党为创建一支新型人民军队，在纪律建设方面进行的不懈努力和执着坚持。它在红军中的贯彻执行，有效克服了旧军队遗留下来的军阀作风，以及纪律观念淡漠、极端民主化等错误思想，改善了军民关系，使红军队伍不断发展壮大。

史海泛舟

“军队也需要民主主义”

红军的物质生活如此菲薄，战斗如此频繁，仍能维持不敝，除党的作用外，就是靠实行军队内的民主主义。官长不打士兵，官兵待遇平等，士兵有开会说话的自由，废除烦琐的礼节，经济公开。士兵管理伙食，仍能从每日五分的油盐柴菜钱中节余一点作零用，名曰“伙食尾子”，每人每日约得六七十文。这些办法，士兵很满意。尤其是新来的俘虏兵，他们感觉国民党军队和我们军队是两个世界。他们虽然感觉红军的物质生活不如白军，但是精神得到了解放。同样一个兵，昨天在敌军不勇敢，今天在红军很勇敢，就是民主主义的影响。红军像一个火炉，俘虏兵过来马上就熔化了。中国不但人民需要民主主义，军队也需要民主主义。军队内的民主主义制度，将是破坏封建雇佣军队的一个重要的武器。

——毛泽东《井冈山的斗争》

（3）八角楼上闪烁的一根灯芯

如果大家走进现今的井冈山革命博物馆的大厅，会看见一座油灯的雕塑，底

① 因这里曾是革命的摇篮，出过上百位将军，后更名为红安县。

座上镌刻着“星星之火可以燎原”。这闪烁的灯火就是八角楼的灯光！参观者在今日依然可以通过狭窄的楼梯走上八角楼的二楼，身临其境地看到当年的毛泽东办公处兼卧室。在书桌上，也摆放着一盏普通的油灯……

你可能不知道，当年这盏常常摇曳着一根灯芯的油灯，在茫茫黑夜里照亮了中国革命胜利的道路！

邓明辉在《井冈山上的5个故事和永不磨灭的红色记忆》中曾记录下这样的情景：在井冈山斗争时期，由于敌人对革命根据地实行经济封锁，服装、弹药、粮食、油盐都很困难，按照当时的说法，这里“人口不满两千，产谷不满万担”。所以井冈山的物资供应极为有限，红军部队的到来使物资供应更显紧张。就拿油来说，山上只出产少量的茶油，炒菜要用油，点灯也要用油。在敌人封锁下，外面的油根本进不来，红军下山打土豪搞到一点油，显得格外珍贵。所以，除了节约，没有更好的办法。大家熟悉的歌谣：“红米饭，南瓜汤，秋茄子，味好香，餐餐吃得精打光。干稻草，软又黄。金丝被儿盖身上，不怕北风和大雪，暖暖和和入梦乡。”既体现了生活的真实，也有艺术的想象，反映了红军的艰苦奋斗精神和革命乐观精神。实事求是地说，井冈山的红米饭不是那么好吃。一是产量低，亩产只有三四百斤；二是口感粗糙，难以下咽。对于今天的参观者，红米饭只能作为菜品尝一尝，如果顿顿都当主食吃就很容易消化不良了。但是对当时的红军来说，这就是美味，不是经常能吃到的。

正是考虑到这些现实困难，在那艰苦斗争的日子里，毛泽东号召全体军民精打细算、厉行节约。1927年上山不久，毛泽东向大家宣布了一个关于用油的规定：各连及机关办公时，可以用三根灯芯，不办公时，连部只留一根灯芯，供带班、查哨用，大家都严格遵守。毛泽东当时在八角楼办公和居住，按规定本来是可以点三根灯芯的，但他一直用一根灯芯办公、看书、写文章，还常常忙到深夜。就是在这一根灯芯的微弱光亮下，毛泽东在井冈山写下了一些光辉著作，这些伟大的著作不但指导了当时根据地的斗争，也是中国革命历史上极为重要的著作，为指导中国革命、夺取全国胜利起到了积极的作用。

如果今天来到井冈山茅坪开展红色考察，那么可以仔细观览谢氏慎公祠后的八角楼。这座土砖结构的两层楼房，是当年谢家老中医谢观南的老房子，楼上有一个天窗，修成了与众不同的八边形，白日里阳光倾斜而下，夜晚铁盏清油灯的灯光闪烁。今日爬上八角楼，窗外望去就是井冈翠竹，千竿万竿修美茂盛。试想当年，正是八角楼的灯光，在茫茫黑夜里照亮了中国革命胜利的道路！

2. 朱德与毛泽东在井冈山会师——创建了中国工农红军第四军

（1）朱毛会师

高举工农革命军的旗帜！工农革命，是毛泽东心中的不熄星火。秋收起义，创建了中国第一支工农革命军——工农红军第四军，它作为全国红军的源头和龙头，肇（zhào）始之功不可没。

创建工农革命武装力量，在毛泽东心中由来已久。秋收起义前夕，各路武装统一改编为工农革命军第一军第一师，毛泽东交代要制作一面军旗，红底象征革命，旗中央红星代表共产党，镰刀斧头代表工农群众，说明工农革命军不同于国民革命军。何长工[①]后来说："秋收起义打出的工农革命军军旗，与南昌起义打出的国民革命军军旗，有着本质的区别，它标志着我们党独立领导武装斗争的开始。"

1927 年，毛泽东率领秋收起义部队到达井冈山，开始了"工农武装割据"。1928 年 2 月以宁冈为中心的井冈山根据地初步形成。毛泽东派何长工到湘南、粤北去寻找朱德所率的部分南昌起义部队。南昌起义失败后，朱德、陈毅在江西、福建和广东边境坚持斗争，听说毛泽东已经在井冈山建立了革命根据地，便派毛泽覃前去联系。几经周折，两支革命武装终于取得了联系。1928 年 4 月底，朱德、陈毅等率领的南昌起义保留下来的部分部队和湘南暴动农军来到砻（lóng）市，与毛泽东领导的秋收起义部队胜利会师，这就是著名的"井冈山会师"。毛泽东和朱德在龙江书院首次会见，两支部队的主要领导干部登上书院的文星阁亲切会谈。随后成立了中国工农革命军第四军，之后改称为红四军。朱德任军长，毛泽东任党代表，王尔琢任参谋长，陈毅任士兵委员会主任。

粟裕在《激流归大海——回忆朱德同志和陈毅同志》一书中曾指出，井冈山会师和红四军的成立，"两支铁流汇合到了一起，从此形成红军主力，使我党领导的武装斗争的大旗举得更高更牢"。朱德为会师写下了这样的诗句："领导有方经百炼，人民专政靠兵权。"参加过这次会师的谭震林后来回忆说："朱德、

---

① 无产阶级革命家、军事家，朱毛会师的关键人物。

毛泽东井冈山会师，部队大了，我们才有力量打下永新。当然，在这之前……也占领了宁冈县城。那时不敢走远，因为国民党来上两个团，我们就打不赢。可是朱毛会师后力量就大了。”这不仅是中国工农红军发展史上的一件大事，而且是中国共产党发展史上的一件大事。它不仅大大增强了井冈山的武装力量和有力地推进了井冈山革命根据地的斗争，而且对推动红军队伍的建设和中国革命战争的发展，“对以后建立和扩大农村革命根据地，坚持走农村包围城市的革命道路，推动全国革命事业的发展”，都具有十分重大的意义。

朱毛会师，使中国共产党领导的两支具有北伐战争传统和战斗力很强的部队聚集到一起，大大增强了井冈山革命根据地的军事力量，而且对红军的创建和发展以及井冈山地区的武装割据都有重大意义，更加坚定了边界军民坚持武装斗争的信心。

趣闻联播

《井冈山会师》（油画）之细节赏析

在中国人民革命军事博物馆的馆藏油画经典作品展中，何孔德创作的油画《井冈山会师》总会吸引许多参观者驻足和欣赏。

1928年4月，朱德、陈毅分别率领的工农革命军和湘南农军到达井冈山，与毛泽东率领的部队在宁冈砻市会师，会师后合编为工农革命军第四军。这幅画为毛泽东、朱德、陈毅等与会师部队在一起。油画《井冈山会师》以欢快的场面，描绘了军队和百姓的欢乐气氛，身穿红军军服的毛泽东与身穿起义军军服的朱德手牵手走在欢庆军民中间，毛泽东频频招手、朱德忠厚的笑容，将人物的个性特征刻画得简练准确。整个场景气势恢宏、意境深邃，招展的红旗，炸响的鞭炮，给作品“会师”的主题增添了欢乐氛围。

作者何孔德（1925—2005）擅长油画，是中国军事画的领军人物。他不但长于在画上调动千军万马，更能将火热的军旅生活寓于诗情画意中。主要作品有《古田会议》《井冈山会师》等。

（2）用来挑粮的扁担和走过的挑粮小道

《朱德的扁担》是开国上将朱良才撰写的文章，该文主要讲述了当年任红四军军长的朱德和红军指战员一起挑粮的故事。几十年来，该文一直被人们传颂着，曾被列入全国小学语文课本，教育和鼓舞了一代又一代人。

1928 年 11 月中旬，红军集合在宁冈、新城、古城一带，进行冬季训练。由于湘赣两省敌军的严密封锁，井冈山根据地同国民党统治区几乎断绝了一切贸易往来，根据地军民生活十分困难，所需要的食盐、棉花、布匹、药材以及粮食奇缺。红军官兵除粮食外，每人每天 5 分钱的伙食费也难以为继。一日三餐大多是糙米饭、南瓜汤，有时还吃野菜。严冬已至，为了解决眼前的吃饭和储备粮食问题，红四军司令部发起下山挑粮运动。朱德常随着队伍去挑粮，一天需要往返 50 千米。山路崎岖，光是空手上山下山都很吃力，但朱德的两只箩筐每次装得满满的，走起路来稳健利落，年轻力壮的小伙子也常被他甩得老远。战士们从心眼里敬佩朱德，但又心疼他，四十开外的人了，为革命日理万机，还要翻山越岭去挑粮，累坏了怎么办？大家一商量，就把他的扁担藏了起来。

朱德没了扁担，心里很着急，他找来一根碗口粗的毛竹，连夜做起了扁担。他破开竹子，熟练地削、刮、锯，一会儿就把一面黄一面白的半片竹子，做成了一根扁担。为了防止战士们再藏他的扁担，他在上面刻了“朱德记”3 个大字。第二天挑粮的队伍又出发了，朱德仍然走在战士们中间，大家看见他又有了一根新扁担，感到十分惊奇，更增添了几分干劲。从此，朱德扁担的故事传开了。井冈山军民为了歌颂朱德这种身先士卒、艰苦奋斗的精神，专门编了一首歌：“朱德挑谷上坳（ào），粮食绝对可靠，大家齐心协力，粉碎敌人‘围剿’。”

在今天的井冈山西北面黄洋界下面，陡峭的山坡，茂密的树林，其间有一条粗石铺成的小路蜿蜒而下，这就是当年毛泽东、朱德同志率领井冈山军民从宁冈大陇等地挑粮上山时走过的小路。

这条羊肠小道，崎岖不平，看起来和其他的山路并无太大不同。1928 年 10 月，就在这条小道上，红军掀起了轰轰烈烈的挑粮运动，红军战士靠肩挑背驮把 30 多万斤粮食运上了井冈山，保障了井冈山的革命斗争。据说，一次毛泽东和战士们在黄洋界的一棵荷树下歇脚，毛泽东问：“站在荷树下能看多远？”战士们有的说“可以看到江西”，有的说“可以看到湖南”。而毛泽东则意味深长地说："不仅要看到江西和湖南，还要看到全中国、全世界。"这条挑粮小道上不仅有"朱德扁担"的故事，还有毛泽东和红军战士"荷树对"的佳话。因此有人说，"这是一条挑粮小道，也是中国革命走向胜利的阳关大道"，"是理想之路、希望之路"。从这条小道起程，红军战士"挑的是精神食粮，举的是希望火把，播的是革命种子"。

1965 年 5 月毛泽东重上井冈山，留下了这样一段谈话："我早想回井冈山看看，一别就是三十多年。为了创建这块革命根据地，不少革命先烈牺牲了自己的生命，牺牲时都只有二十几岁呀！没有过去井冈山艰难的奋斗，就不可能有今天。"当得知井冈山修起了水电站和四条公路，办起了工厂、学校，农民住上了新瓦房时，毛主席说："今天的井冈山比起三十八年前大不相同了。我相信井冈山将来还会变得更好，更神气。但是我劝大家，日子好过了，艰苦奋斗的精神不要丢了，井冈山的革命精神不要丢了。"

哇！原来是这样

"汉白玉无名纪念碑"——英雄不朽，烈士永生

井冈山革命烈士陵园于 1987 年始建，同年 10 月建成并开放供参观游览。1997 年 10 月，由邓小平题字的"井冈山革命烈士纪念碑"落成剪彩。陵园整体建筑包括陵园门庭、纪念堂、碑林、雕像园、纪念碑五大部分。

走进陵园纪念堂的吊唁大厅，四周墙面由黑色大理石镶成，显得庄严肃穆。大厅四周墙面嵌刻的是在井冈山革命斗争时期壮烈牺牲的烈士英名录，这是当年井冈山革命根据地包括周边七个县市的烈士名录，共有 15 744 位，代表着一个个鲜活生命的轨迹。但这只是井冈山革命根据地两年零四个月革命斗争中牺牲的红军战士和革命群众的一小部分，还有 3.5 万多无名英雄没有留下姓名。在井冈山斗争时期牺牲的总人数达 4.8 万余人，有名有姓的仅 15 744 人。

为此，在吊唁大厅里树立了一块汉白玉的无名英雄纪念碑，这是为在井冈山革命斗争中牺牲的那些没有留下姓名的革命烈士立的一块无名碑，以示后人对无名先烈的深切怀念。

——"井冈山革命烈士陵园"景区简介

（3）“毛委员”这一称呼的由来

1974年在全国第三届“战地新歌”征集活动中，男声小合唱《毛委员和我们在一起》脱颖而出。它曲调欢快、幽默、风趣，歌词中洋溢着红军革命斗争中的乐观主义精神：“红米饭那个南瓜汤哟，咳罗咳，挖野菜那个也当粮罗咳罗咳，毛委员和我们在一起罗咳罗咳，咳！餐餐味道香，味道香咳罗咳。”与大家熟悉的“毛主席”称呼不同，这首歌中称为“毛委员”，那么毛泽东大概从什么时候开始被称为“毛委员”呢？

1926年5月，蒋介石通过“整理党务案”排挤中共党员，时任国民党宣传部长的毛泽东被迫辞职。1926年11月，毛泽东出任中共中央农民运动委员会书记并创办国民党中央农民运动讲习所。此时在《湖南农民运动考察报告》中，毛泽东提到：“我到各处，常常遇到这种人，这样向我求情：‘请省里来的委员作保！’”可见此时有些群众已经将毛泽东称为“毛委员”了。大革命失败后，中共中央于1927年8月7日在湖北汉口召开了紧急会议，八七会议选举产生新的中共临时中央政治局，毛泽东同志当选为中共临时中央政治局候补委员。

1930年6月，红四军、红三军、红十二军合编，组成“中国工农红军第一军团”，朱德任总指挥，毛泽东担任了政治委员。“政治委员”一词，是当时主持中央工作的周恩来沿用苏联红军建制，代替了中国工农红军中原来设的“党代表”。1931年毛泽东在根据地时已经是主要的政治领袖和军事领袖了。自从毛泽东出任红军第一军团政治委员，人们就开始称他为“毛委员”。1930年8月，红一军团又与红三军团合编，组成“中国工农红军第一方面军”，毛泽东任总政治委员，朱德任总司令。毛泽东仍被人们称作“毛委员”，“朱总司令”的称呼正起源于此。“毛委员”的称呼共沿用了一年零五个月。

3. 形成工农武装割据的局面，星星之火渐成燎原之势

1930年1月5日，毛泽东在福建省龙岩市上杭县的古田村写了一封信，在信中他指出：那种“全国范围的、包括一切地方的、先争取群众后建立政权的理论，是于中国革命的实情不适合的”。通过论述，他实际上提出了中国革命新道路的思想：把党的工作重心由城市转移到农村，在农村地区开展游击战争，深入进行土地革命，建立和发展红色政权，待条件成熟时再夺取全国政权。

中华人民共和国成立后，该信收录于《毛泽东选集》第一卷，这就是不朽的名篇《星星之火，可以燎原》。

马克思主义中国化

在 2021 年出版的一本思想深刻、通俗易懂的简明党史读本《中国共产党简史》中有如下阐述：

“在半殖民地半封建的中国，在大革命遭到失败、敌我力量对比极端悬殊的情况下，中国共产党人不可能像俄国十月革命那样，通过首先占领中心城市来取得革命在全国的胜利，而必须首先在农村建立革命根据地，积蓄革命力量，在条件成熟时夺取城市，最后夺取全国革命胜利。

“这一条适合中国实际的正确革命道路，是在党领导人民的集体奋斗中开辟出来的。在这个过程中，毛泽东作出了最卓越的贡献。他不仅在实践中首先把武装斗争的立足点放在农村，领导开创井冈山根据地，创造性地解决了为坚持和发展农村根据地所必须解决的一系列根本问题，而且从理论上逐步对中国革命的道路问题作出明确说明。”

中国共产党之所以能够把革命引向胜利，根本性的经验是什么？

思维引领

毛泽东思想、邓小平理论、“三个代表”重要思想、科学发展观和习近平新时代中国特色社会主义思想的形成发展历程，以无可辩驳的事实阐明：中国共产党之所以能够把革命引向胜利，一条根本性的经验就是，必须坚持把马克思主义基本原理同中国具体实际结合起来，不断推进马克思主义中国化。

在信的最后，毛泽东用了充满希望的排比修辞来呼唤中国革命高潮的到来：“所谓革命高潮快要到来的‘快要’二字作何解释，这点是许多同志的共同的问题。马克思主义者不是算命先生，未来的发展和变化，只应该也只能说出个大的方向，不应该也不可能机械地规定时日。但我所说的中国革命高潮快要到来，决不是如有些人所谓‘有到来之可能’那样完全没有行动意义的、可望而不可即的一种空的东西。它是站在海岸遥望海中已经看得见桅杆尖头了的一只航船，它是立于高山之巅远看东方已见光芒四射喷薄欲出的一轮朝日，它是躁动于母腹中的快要成熟了的一个婴儿。”

到 1930 年夏，全国已经建立起大小 10 多块农村革命根据地，分布在 10 多个省，红军发展到 7 万人，连同地方武装共约 10 万人。1931 年 11 月，在江西省瑞金县[①]叶坪村召开了中华苏维埃第一次全国代表大会，宣布成立中华苏维埃共和国，选举毛泽东为临时中央政府主席，临时中央政府的建立是中国共产党人创建人民革命政权的宝贵探索与尝试！

① 今江西省瑞金市。

第五节　凤凰涅槃，红军长征

80 多年前，有这么一群年轻人：师以上干部年龄绝大部分为 20 ～ 30 岁，指挥员的平均年龄为 25 岁，40% 的战士年龄在 14 ～ 18 岁之间。他们走遍了大半个中国，转战 14 个省份，跨越近百条江河，攀越 40 余座高山险峰，同敌人进行了 600 余次战役，还穿越了被称为“死亡陷阱”的茫茫草地。他们用顽强意志征服了人类生存极限，这群年轻人就是红军，这次征途就是二万五千里长征。

让我们走进长征，看看红军战士如何创造波澜壮阔的人间奇迹。

一、红军为什么进行二万五千里长征?

1933 年 9 月，蒋介石纠集 100 万军队，200 余架飞机，对红军根据地发动了第五次“围剿”，重点是中央革命根据地。为了取得“围剿”的成功，蒋介石将南昌作为行营，配备外国军事顾问，在根据地外构筑堡垒，企图困死中央红军。当时的红军人数已达 8 万多人，如果采用正确的战略战术，是完全有机会取得第五次反“围剿”的胜利。在严峻的形势面前，军事指挥者判断失误，没有打破蒋介石的第五次“围剿”，红军被迫实行战略转移。

当时任前卫部队政委的杨成武后来回忆：傍晚时分，整齐的队伍站在河对岸的草坪上，源源不断的人流，从四面八方汇拢来，人们扶老携幼来到雩（yú）都河畔。乡亲们有的把煮熟的鸡蛋塞到我们手里；有的把一把把炒熟的豆子放进我们的口袋；有的拉住战士的手问，什么时候回来；有的止不住呜呜地哭起来。当时房东大娘烤了两个白薯给我，这位 60 多岁的大娘 3 个儿子都当了红军，2 个牺牲了。她拉着我的手说：“好好打，大娘等你们回来。”就这样，红军踏上了战略转移的征途，开始了长征。

二、红军长征路上有哪些英勇事迹?

1. 血战湘江

红军战略转移的最初计划是突破国民党军队的围攻，到湘西同红二、红六军团会合，创建新的革命根据地。1934 年，中央红军从中央革命根据地出发，向湘西进军。国民党察觉了红军的意图，沿途设下了四道封锁线，企图将红军消灭在途中。

中央红军以极大的代价通过了国民党的前三道封锁线，路线目标完全暴露。此时蒋介石命令陈济棠部在粤湘桂边进行堵截，王家烈部到湘黔边堵截，最好将红军歼灭在湘江、漓水以东地区。发生在湘江上的湘江战役是红军长征以来最壮烈的一战。

1934 年 12 月 1 日，早上，晨雾还未完全消散，枪炮声、喊杀声就回响在湘江两岸。阵地上，国民党军全力展开进攻。时任红一军团二师四团政委的杨成武年仅 20 岁，他在《忆长征》中这样描述："敌人像被风暴摧折的高粱秆似的纷纷倒地，但是打退了一批，一批又冲上来，再打退一批，又一批冲上来。从远距离射击，到近距离射击，从射击到拼刺，烟尘滚滚，刀光闪闪，一片喊杀之声撼天动地。"

情况越来越危急，许多红军战士壮烈牺牲。红一师五团政委易荡平在战斗中身负重伤，当敌人冲上阵地，警卫员要背他撤退时，为了不做俘虏，易荡平请求向他开枪。警卫员眼含热泪，下不去手。易荡平随手抢过一把手枪，朝自己的胸口开枪。直到 1954 年，收到中央领导和县民政部门寄来的信和烈士证书之后，家人才知道易荡平已经在长征途中牺牲了。

下午 5 时，红军大部队渡过了湘江。根据中央军委的命令，担负掩护任务的队伍可以撤出战斗。但是，在湘江东岸新圩（xū）一线担负阻击任务的红五军团第 34 师，却在湘江渡口被湘军、桂军堵住，陷入重围。突围途中，工农红军师长陈树湘腹部中弹，因为医疗条件有限，只能用皮带压住伤口，躺在担架上继续指挥战斗。在战斗中，陈树湘重伤昏迷而被俘虏，当敌人抬着他准备邀功请赏，他乘敌人不备，用手绞断腹部伤口处的肠子，壮烈牺牲，年仅 29 岁。青山处处埋忠骨，正是因为有无数像陈树湘一样“虽千万人，吾往矣”的英雄，才有了我们今天的繁荣与和平。

2. 遵义会议放光辉

为了突破敌人的四道封锁线，战士们英勇奋战，但是红军也付出了巨大的代价，由长征出发时的 8.6 万余人，减少到 3 万余人。面对失利，指战员们开始反思，他们认为仗再这样打下去，所剩 3 万多红军只有毁灭。刘伯承在回忆录中写道：“广大干部眼看第五次反‘围剿’以来，迭次失利，现在又几乎濒于绝境。与第四次反‘围剿’以前的情况对比之下，逐渐觉悟到这是排斥了以毛泽东同志为代表的正确路线、贯彻执行了错误的路线所致，部队中明显地滋长了怀疑不满和积极要求改变领导的情绪。”中国共产党和工农红军历史上伟大的转折由此开始。

哇！原来是这样

一九三五年一月党中央政治局在长征途中举行的遵义会议，确立了毛泽东同志在红军和党中央的领导地位，使红军和党中央得以在极其危急的情况下保存下来，并且在这以后能够战胜张国焘的分裂主义，胜利地完成长征，打开中国革命的新局面。这在党的历史上是一个生死攸关的转折点。

——《关于建国以来党的若干历史问题的决议》

渡过湘江之后，党中央执意按照原计划前往湘西，但敌人已在去往湘西的路上埋伏重兵，企图一举消灭红军。在这个严峻关头，毛泽东力主放弃同红二、红六军团会合的计划，改向敌人力量比较薄弱的贵州进军。这一决议得到了绝大多数干部的支持。于是，红军强渡乌江，攻占重镇遵义，并在这里召开了政治局扩大会议。

1935 年 1 月 15 日晚，会议在遵义城军阀柏辉章的公馆内举行。这个公馆是当时遵义城内最好的建筑，二楼有一个小客厅，一张长方形的桌子，20 把椅子摆成了一个半圆形，政治局成员就在这里召开会议。会议集中全力纠正博古等人在军事上和组织上“左”的错误，肯定了毛泽东的正确军事主张，选举毛泽东为中央政治局常委，取消了博古、李德的军事最高指挥权。

在20多平方米、用煤油灯照亮的小屋里的决定，在极其危急的时刻，挽救了党，挽救了红军，挽救了革命。

史海泛舟

四渡赤水

一渡赤水：遵义会议后，为摆脱敌军，红军决定经赤水从泸州、宜宾之间北渡长江，向川西或川西北挺进。由于土城战役失利，军委决定撤出战斗，西渡赤水，进入云南扎西地区。

二渡赤水：红军一渡赤水，进入了云南扎西地区，蒋介石赶紧调集滇军和川军从南北两个方向逼近扎西。大敌当前，红军总部决定二渡赤水，向敌人兵力比较空虚的桐梓地区挺进，占领桐梓县城，攻占娄山关，重占遵义城。

三渡赤水：蒋介石重新纠集兵力，向遵义进攻。中央红军决定放弃遵义。为调动敌人，寻找战机，红军在茅台及其附近地区三渡赤水河，再入川南。这也是一次全军性的大佯动，是为了迷惑和调动滇军，以便奔袭金沙江。

四渡赤水：红军三渡赤水，造成敌人的错觉。敌人为防止红军北渡长江，决定将重兵向川南聚集。就在敌人将要对我军形成包围之际，红军突然掉头向东，四渡赤水，又向南迅速渡过乌江，将敌人50万重兵甩在了赤水河一带，并直逼贵阳。

四渡赤水，是中央红军长征中最惊心动魄、最精彩的军事行动，是毛泽东军事生涯中的“得意之笔”，是他的高超军事指挥艺术的生动体现，是红军战争史上的奇观，是以少胜多、变被动为主动的光辉典范。

——摘编自《长征纪事》

3. 金沙水拍云崖暖

中央红军四渡赤水，只是暂时摆脱了国民党的围追堵截，形势仍然不容乐观。只有渡过金沙江，才能彻底摆脱蒋介石的追堵。于是，国共双方在云贵高原展开一场惊心动魄的较量，最后，红军巧渡金沙江，占据了战略上的主动权。红军是如何巧渡金沙江的呢？

（1）巧妙调动蒋介石的军队

红军渡过乌江，佯攻贵阳，实际上是调出滇军，为进入云南、渡过金沙江做准备。红军先头部队逼近贵阳时，驻守贵阳及附近地区的兵力只有4个团，兵力稀少。蒋介石大为惊慌，一方面命令追剿的部队撤回保卫贵阳，一方面准备好马匹逃跑。当滇军的部队按照蒋介石的命令赶到贵阳的时候，发现红军早在离贵阳以东一二十千米的地方转向西行进。原来，红军攻打贵阳是假，调出滇军是真。红军掉头进入云南，逼近昆明，此时的昆明城内空虚，敌人急调各地军队防守。这就削弱了金沙江地区的防御力量，为红军强渡金沙江创造了有利条件。

（2）巧用龙云的地图

军用地图在作战过程中起到了非常重要的作用，红军进入云贵地区后，没有当地的地图，这就不能确定精准的作战路线。就在这时，红军俘获了滇系军阀首领龙云送给薛岳的一批军用物资，在这批物资中有20多张云南军用地图，以及宣威火腿、云南白药、普洱茶。这些军用地图和物资为红军作战提供了有利的条件。陈云在《随军西行见闻录》中曾谈及此事，他说：咸谓三国时刘备入川系由张松献地图，此番红军入川，则由龙云献地图。

（3）说服船工巧过皎平渡

红军来到金沙江边，准备从龙街渡、洪门渡、皎平渡三处过江。但是由于缺乏实地考察，前两处渡口未能成功渡过，只好改由皎平渡过江。皎平渡是最难渡的渡口，敌人防守也比较薄弱。刘伯承先派一个营乔装成国民党军队，翻山直到江边，经过两个昼夜的急行军，胜利到达渡口。先遣部队找到6艘木船，大船可渡30多人，小船只能渡10余人。而且，当地还有“夜不渡皎平”的习惯。20 000余名红军仅靠这6艘木船，如何快速渡过金沙江？经过多番努力，红军陆续找到船工，对他们晓之以理，动之以情，还优待船夫，每天五块大洋，饭食餐餐有肉，红军战士却粗茶淡饭。船公们从来没有享受过这样的待遇，也没有见过如此好的军队，深受感动，便打破了“夜不渡皎平”的习俗，昼夜不停地协助红军渡江。经过9天9夜，红军胜利地渡过了金沙江。

第二天，当蒋介石的大队人马赶到金沙江边时，船只已经被烧毁，红军早就远走高飞了。从此，中央红军跳出了敌军围追堵截的圈子，粉碎了敌人的计划，取得了战略上的主动权。就连在遵义会议上被罢免军事指挥权的李德，也承认红军“渡过金沙江以后，在战略上形成了一种新的比较有利的局势”。

4. 大渡桥横铁索寒

红军渡过金沙江，顺利通过彝族区，来到大渡河边。红军只要渡过大渡河，再翻过夹金山，就能同红四方面军会师。1935年5月26日上午，红军在安顺场胜利地渡过了大渡河。渡河成功后，刘伯承命令工兵架设浮桥，但是大渡河水川流不息，漩涡急促，几次架桥都失败了。这时的红军只有四艘船，数万军队依靠这几艘船渡河，根本不可能。加上国民党的追兵昼夜赶往安顺场，前方阻拦的杨森的部队也已经逼近。当务之急，必须夺下大渡河上的泸定桥，才能让大部队顺利过河。

当即中央军委做出新的部署：右纵队由聂荣臻、刘伯承指挥，沿大渡河左岸进发；左纵队由林彪指挥，沿大渡河右岸进发，两支军队互相配合，协同夺取泸定桥。

左纵部队首先出发，在“和敌人抢时间，和敌人赛跑，坚决完成任务，拿下泸定桥”的口号下，将士们不顾饥饿疲劳，昼夜兼程赶向泸定桥。傍晚，突然下起了大雨，电闪雷鸣，天黑得伸手不见五指。部队一天没有吃饭，大家肚子饿得实在难受，道路更是泥泞。这时他们发现对岸出现几点亮光，原来敌人也在赶往泸定桥，双方展开赛跑，此时的红军战士们用坚强的毅力，克服一切困难，赛过了对岸的敌人，两天内急行军120千米，提前赶到泸定桥。

5月29日下午4时，战士们经过简单休整，发起了夺桥战斗。后来，杨成武回忆飞夺泸定桥的惊险场面，历历在目。他说：总攻在下午4点开始。团长和我在桥头指挥战斗。全团的司号员集中起来吹起冲锋号；所有的武器一齐向对岸敌人开火，军号声、枪炮声、喊杀声震撼山谷。22 位突击英雄手持冲锋枪或短枪，背挂马刀，腰缠 12 颗手榴弹，在廖大珠连长的率领下，冒着密集的枪弹，攀着桥栏，踏着铁索向对岸冲去。跟着他们前进的是第三连。他们除携带武器外，每人扛一块木板，边铺桥，边冲锋。当突击队刚冲到对面桥头，西城门突然烧起冲天大火。敌人企图用火把我们挡在桥上，火光照红了半边天，桥头被熊熊大火包围住了。在千钧一发的时刻……在洪亮的冲锋号声中，战士们神速地向着火里冲去了。敌人集中全力反扑过来，22 位英雄的子弹、手榴弹都打光了，形势万分紧急，眼看支持不住了。正在这个危急关头，王有才连长带着三连冲进去了，接着团长和我率领着后续部队也迅速过了桥。经过 2 小时的激战，2 个团的敌人被消灭大半，剩下的狼狈逃窜。黄昏，我军全部占领泸定城，牢靠地控制了泸定桥。

红四团占领泸定桥后，右纵队也击破敌人的拦阻，到达泸定城。接着红军主力由泸定桥渡过大渡河。这样，蒋介石的大渡河会战计划，让毛泽东成为“第二个石达开”的梦想，彻底破灭。

往事钩沉

强渡大渡河和飞夺泸定桥是一件事吗？

强渡大渡河：1935 年 5 月上旬，中央红军巧渡金沙江后继续北进。5 月 24 日，中央红军先头部队袭占安顺场渡口。5 月 25 日，由 17 名勇士组成突击队，乘一只小船奋勇强渡，占领北岸渡口。

飞夺泸定桥：中央红军一部继续从安顺场渡河，然后沿大渡河左岸北进，主力则沿大渡河右岸北进。1935 年 5 月 29 日，主力先头部队占领泸定桥西桥头。然后，由 22 名勇士组成突击队，攀踏着悬空的铁索向对岸冲击，占领了东岸桥头堡，后续部队迅即攻占泸定城，并与沿大渡河左岸北进的部队会合。

强渡大渡河和飞夺泸定桥并不是一件事。强渡大渡河的地点是四川省越西县安顺场地区；飞夺泸定桥是在四川省泸定县。两场战斗有相似之处，都发生在大渡河上；也有不同之处，时间相差 4 天，战斗地点不同。

5. 更喜岷山千里雪，三军过后尽开颜

中央红军强渡大渡河、飞夺泸定桥之后，来到了“鸟儿也飞不过”的大雪山——夹金山。夹金山，是中央红军长征中跨越的第一座雪山，海拔4000多米，终年积雪，空气稀薄，没有道路，没有人烟，气候变幻莫测，时而冰雹骤降，时而狂风大作，被当地人称为“神山”。红军到达夹金山下，距离出发已经半年多了，而且大部分红军战士来自南方，从来没有经历这么寒冷的气候，也没有御寒物资，只能用柏树皮、干竹子扎起“火把”，砍下竹竿、树条做成拐杖，每人再带上一把辣椒。

在向导的带领下，红军战士们用刺刀、铁铲在冰雪上挖出脚窝，后面的人员沿着前人的脚印向上攀登。随着海拔越来越高，空气也越来越稀薄，战士们呼吸越来越困难，队伍越拉越长。但是每个人的情绪非常高昂，他们用各种办法鼓舞着自己，也鼓舞着身边的战友。

当时徐特立年近60岁，头发花白，他和战士们互相扶持，翻越了夹金山。林伯渠、董必武、谢觉哉已经50岁左右，也和战士们一起互相鼓励。

中央红军广大指战员就是用坚定信念，战胜了风雪严寒和高山缺氧，跨过了第一座大雪山。

红军翻越了雪山，走过了草地，巧夺了长征路上的最后一道险关——腊子口。1935年10月，红军终于到达吴起镇，与陕北红军胜利会师。1936年10月，红二方面军和红四方面军到达甘肃会宁地区，与前来接应的红一方面军胜利会师。红军三大主力会师，宣告长征结束。

从1934年到1935年，红军几乎平均每天就有一次遭遇战，路上一共368天，有15个整天用在打大决战上，有235天用在白天行军上，18天用于夜行军。长征路上，红军只休息了44天，平均走182.5千米才休整一次，日平均行军37千米。路上共爬过18条山脉，其中5条终年积雪，渡过24条河流，经过11个省，占领过大小62个城市，突破了10个地方军阀的封锁包围，通过6个不同的少数民族地区。红一方面军从瑞金出发到达陕北，平均每行进1千米，就有三四个红军战士献出生命。长征的胜利，粉碎了国民党反动派消灭红军的企图，保存了党和红军的基干力量，使中国革命转危为安。

史海泛舟

长征是历史纪录上的第一次，长征是宣言书，长征是宣传队，长征是播种机……它向全世界宣告，红军是英雄好汉……它向十一个省内大约两万人民宣布，只有红军的道路，才是解放他们的道路……它散布了许多种子在十一个省内，发芽、长叶、开花、结果，将军是会有收获的。

——毛泽东《论反对日本帝国主义的策略》

往事钩沉

松潘草地纵横600里，面积15 200平方千米，平均海拔3500米以上，气候恶劣，时而风雪，时而冰雹，变幻莫测，没有道路，没有人烟，没有干净的水，没有可吃的东西，稍不留神就会陷入沼泽泥潭。这里充满了危险，却不知道危险在哪里，出了水草地又进入干草地。过草地，红军没有粮食吃，几天吃不上一颗粮米，只好吃野菜、草根，甚至熬皮带充饥。但不是所有的野菜、草根都能吃，有的有毒，吃了就死人了……担任后卫任务的九十六师，过草地前1800人，走出草地时只有400人。红三军团有800多人因饥饿、受伤全部死在班佑，这是红军长征中战士牺牲人数最多的一次。

——中央电视台纪录片《长征》解说词

参考文献

[1] 张德旺．新编五四运动史[M]．哈尔滨：黑龙江人民出版社，2009．

[2] 安知．五四运动[M]．北京：中国国际广播出版社，1996．

[3] 金光耀．顾维钧传[M]．石家庄：河北人民出版社，1999．

[4] 陈启文．“幕后功臣”王会悟 [J]．百年潮，2021（8）：67–71.

[5] 中共中央党史研究室．中国共产党历史：第一卷（1921—1949）（上册）[M]．北京：中共党史出版社，2022.

[6] 本书编写组．中国共产党简史 [M]．北京：人民出版社、中共党史出版社，2021.

[7] 本书编写组．中国近现代史纲要 [M]．北京：高等教育出版社，2018.

[8] 余伯流．引兵井冈与莲花决策：毛泽东何时何地决策向井冈山进军新说 [J]．军事历史研究，2008（1）：47–56.

[9] 马立强．人民军队早期作风纪律建设 [N]．中国纪检监察报，2016–08–01（7）.

[10] 史凤兰．中国革命史小丛书：八一南昌起义 [M]．北京：新华出版社，1990.

[11] 夏远生．点亮惊涛骇浪中的灯塔：1927 年领导秋收起义井冈建军的毛泽东 [N]．湖南日报，2017–07–19（4）.

[12] 粟裕．激流归大海：回忆朱德同志和陈毅同志 [M]．上海：上海人民出版社，1979.

[13] 中共中央党史研究室第一研究部．红军长征史 [M]．沈阳：辽宁人民出版社，1996.

[14] 曲爱国，张从田．长征记 [M]．北京：华夏出版社，2016.

[15] 辽宁省精神文明建设活动办公室．长征纪事 [M]．沈阳：辽宁人民出版社，2006.

[16] 吴笛．长征：1934—1936 [M]．上海：上海人民出版社，2017.

第四章
白山黑水到神州大地

第一节　白山黑水铸英魂

1931 年 9 月 18 日，日军发动了震惊中外的九一八事变。此后 4 个多月内，日军将侵略的魔爪伸向东北三省，在不到半年的时间内就侵占了中国 100 多万平方千米的土地。日军的侵略行径激起了东北人民的抗日怒潮。在中国共产党的领导下，东北儿女挺身而出，奋战在白山黑水之间，用血肉之躯筑成抵御外敌入侵的“长城”，涌现出无数可歌可泣的事迹。

一、你知道铁血汉子杨靖宇吗?

1. 一日杀敌 500 人

1936 年春，东北抗日联军的主要领导人之一杨靖宇率一军军部等部队由柳河、通化一带来到辽宁省本溪地区。日寇派汉奸邵本良率重兵在后穷追不舍，妄图一举歼灭抗日联军，活捉杨靖宇。邵本良原是胡匪[①]头目出身，当过东北军团长，在九一八事变后投降日军，成了日伪军的团长。邵本良处心积虑地追堵东北抗日联军和各地抗日武装，杨靖宇早就决心消灭他。4 月下旬，一军军部与一师主力部队在辽宁省丹东市宽甸县四平街会合，然后共同沿桓仁与宽甸交界、本溪与凤城交界行进。4 月 30 日，杨靖宇带领队伍来到本溪县东部的赛马集（今属凤城），在梨树甸子大东沟，会同“山林队”（由地方武装与一师结盟组成）的 800 名成员设下埋伏。上午 10 时，3 架日军敌机飞临大东沟上空侦察，未见异常，便飞走了。约半小时后，邵本良率其全部人马（1 个司令部、1 个加强营、1 个炮兵中队，共 800 余人），从分水岭进入梨树甸子大东沟。当时，杨靖宇身处高处，见敌人已钻进抗联伏击圈，便立刻命令一军指战员对敌猛烈开火。大东沟山势险要，易守难攻，敌人虽有小炮，却无法施展，几成瓮中之鳖，不到半日即被

① 中华人民共和国成立前东北地区对土匪的称呼，也叫“胡子”。

歼 500 余人。炮兵中队长日本人菊井少佐被当场击毙；日本指导官英俊志雄大佐躺在死尸堆中，身涂血迹装死才侥幸逃脱。汉奸邵本良脚部负伤，带 20 余人趁乱逃走。此役当时震动南满（指辽东半岛），使日伪当局惊恐不安。

2. 常青树下英雄长眠

今日浅浅的三道濛江河，当年是汹涌澎湃的“江”。河南岸原来立有一块巨大的卧牛石，那是杨靖宇将军牺牲前依身作战的掩体；卧牛石不远处有一棵粗壮的槭 (qì) 树，它也是当时杨靖宇与敌对抗期间临时倚靠的掩体，被当地老百姓称作“拧劲子”。1978 年修建杨靖宇将军殉国地时，靖宇县委决定在拧劲子树原址立“人民英雄杨靖宇同志殉国地”纪念碑。同时，为了纪念当年那场战斗场景，该县还在纪念碑旁补栽了一棵杉松，立碑起名“常青树”。常青树以东 500 多米处的坎上有个地窝棚，那正是杨靖宇将军牺牲前夜的宿处。

1939 年，在东南满地区秋冬季反“讨伐”作战中，杨靖宇率警卫旅转战于濛江一带，最后只身与敌周旋 5 个昼夜。渴了，就抓一把雪吃，饿了，就吞一口树皮或棉絮，他凭借着常人难以想象的毅力，同敌人做顽强斗争。当时，将军身边早已没有一兵一卒。这条三道濛江河和河岸上的树木，此刻都成了他的兵，替他将敌人挡在对岸。

当时，敌人兵分两路搜捕杨靖宇将军。根据敌伪档案记载，伪通化省警务厅[①]日本警尉补益子理雄带领翻译官刘述廉和 13 名讨伐队员组成一路。这一行人来到岸边时，便被那条湍急的河流挡住了去路。他们发现了隐蔽在对岸卧牛石后面的杨靖宇将军。但河面无桥，湍急的河水拍打在覆盖着积雪的石头上。快速挺进队员邢玉山决定走在前面探路，试探着踏上一块大石头，但没等抬脚就呲溜一下滑进河里了。所以，他们只能眼睁睁地瞅着将军“像大鸵鸟似的跌跌撞撞”“向高地退却”，却抓不着他。日本警佐西谷喜代人带领三个日本兵组成另一路，携一挺机关枪，在赵廷喜的引领下，踩着横卧在河床上的倒木，向事先约好的“指定地点”——地窝棚扑去，准备偷袭杨靖宇。可是，他们到了那里却连个人影也没有发现，只见一排大脚印沿着山上去了。西谷用手语指点着、比画着，示意一

① 伪满洲国管理通化省警务的机构。

路跟踪追击，绕到杨靖宇将军背后，与对岸的快速挺进队形成夹击之势。

体能已消耗到极限的杨靖宇将军，面对突然而至的敌人，临危不惧，视死如归。持续八天八夜粒米未进的他，再也没有力气摆脱敌人了，只能靠在拧劲子树下大口地喘气。因为出发前日伪有令："千方百计捉活的，劝他归顺，以便把他的才干引导到于我们有利的方面来"，所以快速挺进队最先发起政治攻势。益子理雄喊："杨，你的命要紧，抵抗没有用了，放下武器，保留生命，还能富贵！"《满洲国警察小史》记述：当敌我相距300米、200米……敌人端着枪一步一步逼向将军，在距离只剩30米的时候，现场指挥官西谷喜代人见活捉杨靖宇没有希望，断然下令："干掉他！""经过十分钟激战，一排机枪的子弹击中杨的胸部。他仰面向天，轰然倒下。"时间停止在1940年2月23日下午2点钟，弹尽粮绝的杨靖宇将军在吉林濛江三道崴子壮烈牺牲。残忍的日军将其割头剖腹，发现他的胃里尽是枯草、树皮和棉絮，竟无一粒粮食。为了纪念杨靖宇的事迹，1946年，东北民主联军通化支队改名为杨靖宇支队，濛江县改名为靖宇县。

3. 叛徒没有好下场

为了消灭杨靖宇和东北抗联，日伪政权软硬兼施。由于抗联远离中央，队伍成分参差不齐，再加之斗争环境异常艰苦，在敌人的分化瓦解下，抗联队伍中出现了一些叛徒和败类，其中不乏杨靖宇身边的亲信。正是由于这些叛徒的出卖，杨靖宇才被逼入绝境，最终壮烈牺牲。那么，卖国求荣的汉奸最终落得了什么下场呢？

导致杨靖宇将军牺牲的罪魁祸首是程斌。此人是东北抗联第一军第一师的师长，他读过书，自小就跟随杨靖宇，和其出生入死多年，深受杨靖宇器重和信任。不过，自从1936年日伪集结重兵进攻抗联后，抗联的斗争条件日趋艰苦，程斌的革命意志发生了动摇。1938年7月，程斌带着100多人叛变投敌，组建"程斌挺进队"。程斌在抗联的职位很高，对杨靖宇和抗联的情况了如指掌，所以便利用此优势破坏了抗联多处补给站——"秘营"。不仅如此，他还带着日伪夜间作战，亲手把杨靖宇逼上绝境。在程斌还没有投降前，日军追剿杨靖宇将军，只敢白天进山林。一到夜晚，由于不熟悉环境和路况，日军派出的队伍常常被神出鬼没的抗联军队歼灭，因此导致日军迟迟啃不下杨靖宇将军这块硬骨头。但程斌投降后，情况就不同了。日寇部队还是像以前一样，白天进山扫荡，到了晚上便撤出来，换作已休息了整个白天的程斌，带着以前的老部下进山搜捕。日寇们日夜扫荡，压缩了东北抗联的活动范围，最终迫使杨靖宇将军率部队撤离建立了几年的游击根据地，北上进入濛江，最终被日军大部队追杀，壮烈牺牲。抗战胜利后，程斌隐姓埋名混入解放军队伍，自以为此后就平安无事了。没想到在1951年，在沈阳大街上闲逛的程斌被曾经的抗联战士认出并举报。待罪行被查实后，程斌很快被执行枪决。

沉着冷静的杨靖宇

1931年11月，出狱的杨靖宇来到哈尔滨，找到中共满洲省委，要求马上分配工作，参加抗日救亡运动，为驱逐日寇、光复东北而斗争。当时的哈尔滨，充斥着白色恐怖，党的地下工作异常艰难和危险。杨靖宇总是能机智、冷静地面对敌人，一次次化险为夷，既保护了自己和同志，也保护了党组织。

一天，杨靖宇从满洲省委机关赶回住处，他身上携带着重要文件。当他下了电车，走到正阳街（今靖宇街）街口时，发现街口设置了铁丝网，几个凶神恶煞的日本宪兵端着上了刺刀的三八式步枪，正在拦截行人并进行搜身。杨靖宇意识到了危险，他环顾四周，发现后面有几个鬼鬼祟祟的特务在窥视着行人。如果他掉头回去，必定会引起特务的注意。革命者不怕牺牲，但也不会做无谓的牺牲，何况党的机密文件是不能落到敌人手中的。杨靖宇经过短暂思考，简单处理了一下文件，坦然地解开了长袍的纽扣，勇敢地向日本宪兵走去。铿锵的脚步撞击着街面，风吹拂着飘逸的长袍，无所畏惧的自信使杨靖宇展现出顽强坚毅的气派。日本宪兵看着杨靖宇高高挺起的胸膛、整洁的长袍和一尘不染的皮鞋，感到杨靖宇不会藏有违禁品，只是草草地搜查了几下。就这样，杨靖宇保护了党的重要文件。

二、你读过赵一曼的动人家书吗？

1936年8月2日凌晨，在黑龙江哈尔滨至珠河的铁路线上，一列日军特别列车呼啸而过。

这列火车上设有一间牢房，关押着一位即将被押至刑场的特殊女囚。她强忍着严刑拷打留下的剧痛，给自己的孩子写下了一封遗书。这名特殊女囚就是抗日民族女英雄——东北抗日联军第3军2团政委赵一曼。

九一八事变后，赵一曼撇下未满三岁的幼子宁儿，前往东北抗日，从此音讯全无，留给宁儿的，只有一张合影。

1936年，赵一曼被捕后，被施以酷刑，敌人用钢针刺其伤口，用通红的烙铁烙其皮肉，但她宁死不屈。在敌人的医院里，她积极宣传抗日救国的道理，争取感化看护和看守人员。

在临刑前被日寇押往黑龙江珠河的火车上，赵一曼写下了一封致子书：

宁儿：

母亲对于你没有能尽到教育的责任，实在是遗憾的事情。母亲因为坚决地做了反满抗日的斗争，今天已经到了牺牲的前夕了。母亲和你在生前是永久没有再见的机会了。希望你，宁儿呵，赶快成人，来安慰你地下的母亲！我最亲爱的孩子呵！母亲不用千言万语来教育你，就用实行来教育你。在你长大成人之后，希望不要忘记你的母亲是为国而牺牲的！

在临死前的你的母亲

一九三六年八月二日

1950年，赵一曼的故事被拍成电影轰动全国，她的丈夫和儿子也观看了这部电影。但是，他们哪里想得到，银幕上的抗日女英雄赵一曼就是他们朝思暮想的妻子和母亲呢。中华人民共和国成立后，工作人员到家乡进行烈士身份核查，赵一曼的儿子才第一次知道了母亲的真实身份。他放声大哭，立即动身赶往东北，在烈士纪念馆里记录下母亲写给自己的遗书，抄完后他在自己的手臂上刺下“赵一曼”三个字。这三个字不仅留在了他的手臂上，也永远地留在了全中国人民的心中。

人物小史

赵一曼（1905—1936），中国共产党党员，抗日民族英雄，曾就读于莫斯科中山大学，毕业于黄埔军校六期。1935 年她担任东北抗日联军第三军二团政委，11 月，与日伪军作战时不幸因腿部受伤被捕。日军为了从赵一曼口中获取到有价值的情报，找了一名军医对她进行了简单医治，随即连夜对其进行了严酷的审讯。

赵一曼被带回哈尔滨后，凶残的日本军警对她进行了更加严酷的刑讯。据敌伪档案记载，日本宪兵为了逼迫她供出抗联的机密和党的地下组织，对她进行了残酷的拷问。刑讯前后采用的酷刑多达几十种，其中就包括电刑。但她始终坚贞不屈，没有吐露任何实情。

三、你知道国歌是怎样诞生的吗？

每当中华人民共和国国歌（《义勇军进行曲》）响起时，人们都不由自主地被铿锵激昂、鼓舞斗志的旋律所感染，心潮澎湃。

1. 铿锵有力的歌词来自抗日一线

1931 年九一八事变爆发后，东北的爱国军民面对日本帝国主义的侵略，自发组成了民众抗日武装——抗日义勇军。在辽宁省朝阳市建平县朱碌科镇的一座广场上，矗立着一块纪念碑，上面记载着这里与《义勇军进行曲》的不解之缘。1933 年 2 月 25 日，在这片空地上，热河抗战前线的义勇军演兵誓师。“起来！起来！不愿当亡国奴的人，家园毁，山河破碎，民族危亡……用我们身体筑起长城。前进啊！前进！前进！”义勇军将士们以视死如归的气概高声唱《义勇军誓词歌》，准备以血肉之躯筑起新的长城。这一幕，被带着战备物资从北平和上海赶来慰问义勇军将士的爱国人士们看到，大受震撼。曾任辽宁义勇军第二军团骑兵营营长的刘凤梧回忆，在那些爱国人士中，有一位叫聂耳的年轻人与将士交谈甚欢，他看到了战士们手中弹痕累累的战旗、血迹斑斑的服装，闻到他们身上从前线带来的硝烟味。“这可能是聂耳第一次见到东北义勇军。”

刘凤梧在回忆录中写道，1933 年 2 月热河抗战期间，慰问团的人慰问、采访义勇军官兵时，慰问品是按照从一营到三营的顺序发放。在慰问团先给一营和二营发放慰问品的时候，刘凤梧就指挥三营官兵唱《义勇军誓词歌》。一些学者认为，《义勇军进行曲》的创作灵感和素材与这次抗战前线经历直接相关，《义勇军誓词歌》与《义勇军进行曲》的歌词也有一些相似之处，辽宁因此可以被视作《义勇军进行曲》创作的重要素材地。

2. 警醒世人的谱曲源于电影

1934 年春，田汉决定写一个以抗日救亡为主题的电影剧本。他刚完成一个故事梗概和一首主题歌的歌词时，就被国民党反动派逮捕入狱。另一位共产党员、戏剧家夏衍接手，将这个故事写成了电影剧本。聂耳主动要求为田汉写就的主题歌《义勇军进行曲》谱曲。当他读到歌词“起来！不愿做奴隶的人们！把我们的血肉，筑成我们新的长城！中华民族到了最危险的时候，每个人被迫着发出最后的吼声。起来！起来！起来！我们万众一心，冒着敌人的炮火前进！冒着敌人的炮火前进！前进！前进！进！”时，仿佛听到了母亲的呻吟、民族的呼声、祖国的召唤、战士的怒吼，爱国激情在胸中奔涌，雄壮激昂的旋律便在心头流淌。聂耳很快就完成了曲谱初稿。后来，他又在躲避国民党政府追捕的途中完成了曲谱定稿。就这样，一首展现中华民族的刚强性格，彰显祖国尊严，充满同仇敌忾、团结御敌的豪迈革命战歌诞生了。这是聂耳短暂一生中的最后一个作品。

3.《义勇军进行曲》响彻全球

《义勇军进行曲》诞生后，就像插上了翅膀，立即在祖国大地传唱开来。伴随着抗日战争的烽火、解放战争的硝烟，这首歌传遍了大江南北与长城内外，甚至享誉海外，为世界各国人民所熟知。1940 年，美国著名黑人歌唱家保罗·罗伯逊在纽约演唱了这首歌。不久后，他又灌制了一套名为《起来》的中国革命歌曲唱片，宋庆龄亲自为这套唱片撰写了序言。在当时的反法西斯战线上，《义勇军进行曲》成为展现中国人民反法西斯决心的一支战歌。第二次世界大战即将结束之际，在盟军凯旋的曲目中，《义勇军进行曲》赫然名列其中。

哇！原来是这样

国家一级指挥于海曾说：“《义勇军进行曲》中用的都是五声音阶do、re、mi、sol、la，只用了一个si来过渡。我们的国歌是最好的，也是非常经典、优秀的音乐作品。国歌作为一个国家的形象，是一个国家精神文明的体现。我们的国歌46秒、84个字，字字铿锵、句句雄壮。”聂耳根据歌词分句的特点，把这首歌曲处理成由六个长短不等的乐句所形成的自由体结构。虽然每个乐句的旋律、结构各不相同，但乐句与乐句之间衔接紧密，发展自然，唱起来起伏跌宕、浑然一体。歌曲以进军号般的前奏开始，铿锵的节奏、雄伟的气势，充满着战斗号角的旋律。特别是在全词中最重要的警句“中华民族到了最危险的时候”，聂耳不仅运用了全曲中的最高音，而且创造性地在“中华民族到了”之后，突然休止半拍，从而使“最危险的时候”产生了振聋发聩（kuì）的效果。田汉为《义勇军进行曲》作的歌词是“冒着敌人的飞机大炮”，最后的“前进”只有一次，后由聂耳和孙师毅商量把歌词改成“前进！前进！进！”这样的非常规语句，使其更有呼号感，更坚定，更符合汉语的词腔。正是由于艺术上的大音希声、大道至简、朗朗上口，从而使《义勇军进行曲》能为广大群众掌握，为充分发挥歌曲激励人心的战斗作用打下了广泛而坚实的基础。

第二节　一寸山河一寸血

近年来一批抗日题材的电视剧如《亮剑》《我的团长我的团》《生死线》《永不磨灭的番号》《历史的天空》等的热播，带领着生活在和平年代的我们重回那段“一寸山河一寸血”的烽火硝烟岁月。1931—1945年日本发动侵华战争的原因是什么？日本对中国人民犯下了哪些罄竹难书的反人类的战争罪？全民族抗战局面是如何形成的？为什么说中国共产党在十四年抗战中发挥了中流砥柱的作用？就让我们一起重新回顾那十四年的艰苦抗战岁月！

一、为什么说九一八事变是中国局部抗战的开始？

一衣带水，隔海相望，日本与中国的关系可谓错综复杂。一方面，中日之间和平共处，友好往来。如隋唐时期，日本曾多次派遣唐使、学生等到中国来学习政治经济制度和思想文化，对日本社会进步产生了重大影响。另一方面，中国和日本又有冲突和对抗，如明朝的戚继光抗倭，晚清的中日甲午战争等。在古代东亚的“宗藩体系”中，中国为宗主国，周边其他国家为藩属国；但是日本经历明治维新后，明治天皇发出“开拓万里波涛，布国威于四方”的号召，日本逐渐走上对外侵略扩张的不归之路！

作为一个领土面积不足40万平方千米的岛国，日本资源有限，人口却不少。日本位于环太平洋火山地震带上，经常会发生火山爆发或者地震等自然灾害。在近代，日本走上发展资本主义的道路后，如何改善生存的环境就是日本人必须思考的问题。苦思冥想之下，脱亚入欧、对外扩张成为一条“妙计”！如何一步一步地扩大自己的地盘呢？对此，他们也有着细致的规划，即“大陆计划”：中国台湾—朝鲜—中国东北和蒙古地区—中国—亚洲—世界。野心之大，步步为营！

1931年9月18日的晚上，沈阳看似和平常一样，一切都井然有序。然而，有一支队伍悄悄地靠近了柳条湖附近的南满铁路，一声巨响之后，一段路轨被炸毁。很快，驻扎在附近的中国东北军北大营便遭到了日本关东军的突然袭击。九一八事变爆发之时，蒋介石正忙于对红军的第三次“围剿”；蒋介石命令东北军对日军的侵略行为采取不抵抗政策，导致国土大片沦丧。

日本军队不但进攻东北军驻地，还炮轰沈阳城。居民们从梦中惊醒，他们并不清楚发生了什么。第二天清晨，混乱的局面逐渐恢复平静，细心的居民们发现，原本城头上树立的青天白日满地红旗[①]不见踪影，取而代之的是太阳旗。这就是历史上有名的九一八事变。

9 月 18 日夜间出现的那支炸毁铁路的神秘队伍，是日本人。但当时日本人对外宣称是中国军队破坏铁路，他们处心积虑自导自演了一出“好”戏。为了这出戏能起到最佳效果，在正式袭击之前，日本人进行过多次“彩排”：其一，爆炸发生的地点要有利于他们对中国军队发动突袭。其二，爆炸要产生巨大的声响，但不能影响南满铁路的正常运转。这支队伍是日本人派出的，铁路也是日本人炸毁的，目的在于以此为借口发动战争！

但随之而来又产生了一个疑问，南满铁路在中国境内，应该是中国管辖，如果是中国军队炸毁了铁路，那也是咱们自己的事情，日本人为何来横插一脚呢？这就不得不追溯到晚清时期。当时，俄国通过不平等条约在中国东北攫取了大量利益，其中就包括对南满铁路的控制权。但发生在 1904 年的日俄战争中，俄国失败了，于是就把从清政府手中得到的很多权益给了日本。换句话说，1931 年南满铁路是日本人管理的，所以铁路被炸，他们自然可以“名正言顺”地兴师问罪。

日军占领沈阳后，继续展开侵略。短短 4 个月的时间，东三省全部沦陷。此时，日本人在思考一个问题：如何统治东北三省？将这里明目张胆地划入日本的势力范围，不但会引起东三省人民的强烈反对，而且国际社会和欧美列强也不会袖手旁观。此时，他们想到了一个傀儡——爱新觉罗 · 溥仪。

1931 年 11 月，溥仪在日本人的安排下从天津到达沈阳。双方经过一系列协商、谈判以及各种准备后，于 1932 年建立伪满洲国，由溥仪出任“执政”。溥仪

① 中华民国国旗。

希望可以在日本人的帮助下，从满族的龙兴之地重新出发，恢复祖宗基业。两年后，伪满洲国变更名号，称“大满洲帝国”，溥仪也由“执政”晋升为“皇帝”，这一次是溥仪人生中第三次登上“皇位”。但溥仪并不能按照自己的意愿处理这个“帝国”的内部事务，对“大满洲帝国”而言，溥仪不过是一个傀儡皇帝。广大人民群众早就看穿了这一点，他们并没有因为伪满洲国的建立而停下反抗日军侵略的脚步。

自从九一八事变爆发后，中国军民始终在坚持抗击侵略者的斗争。东北民众和未撤离东北的爱国官兵联合起来抵抗日本侵略者，中国共产党也派遣杨靖宇等人前往东北地区，组织人民群众，开展抗日斗争。中国人民的局部抗战开始了。

二、为什么说中国的抗日战争是全民族的抗日战争？

1. 卢沟桥睡狮猛醒，国共二度合作

日寇武力侵占东北三省和热河后，又对华北地区伸出了魔爪。华北地区是中国政治、经济、文化中心地区之一，日本侵略者通过逼迫国民政府签署了一系列协定和扶植伪政权等手段，意欲把华北变为第二个伪满洲国，史称“华北事变”，中华民族危机进一步加深。清华大学学生发出了悲愤的呐喊：“华北之大，已经安放不得一张平静的书桌了。”1935 年 12 月 9 日，北平学生举行了声势浩大的抗日游行，发出“停止内战，一致对外”的救国主张，这就是“一二·九”运动！ 1935 年 12 月的《大众生活》这样报道：“我们觉得这个运动的最大的意义是：久在高度压迫下的郁积苦闷悲痛愤怒的全国大众，对于民族解放的斗争情绪，好像久被抑制的火山已在这里迸裂喷放怒号一下。换句话说，这绝不是仅仅北平一个地方，仅仅北平数千的热血青年对于国事的态度。这个运动实在是足以代表全国大众对于救亡的坚决的意志的一种强有力的表现。”民族意识进一步觉醒，抗日救亡运动掀起高潮。

随着中华民族危机的加深，中日民族矛盾逐渐上升为中国的主要矛盾。1936 年 5 月初，中共中央发出“停战议和一致抗日”的通电，这是中国共产党首次放弃反蒋口号，公开提出建立抗日民族统一战线的建议，得到了国内很多政治力量

的赞同。此时，国民党的内外政策虽然出现了一些变化，但并没有完全放弃“攘外必先安内”的方针。1936 年 10 月，蒋介石乘飞机抵达西安催促张学良、杨虎城“剿共”。张学良数次苦谏蒋介石改变政策，却遭到了蒋介石的训斥。张学良、杨虎城决定采取行动——“兵谏”。12 月 12 日清晨，东北军一部包围了华清池，扣留了蒋介石，第十七路军同时控制了西安城。当天，张学良和杨虎城通电全国，说明事变真相，提出停止一切内战，立即召开救国会议，这就是震惊中外的西安事变。事变的消息传出后，国内外各主要政治力量迅速做出了不同的反应。面对错综复杂的政治形势，中共中央确定了和平解决西安事变的方针，派周恩来为代表奔赴西安，与张学良、杨虎城一起，同国民政府代表举行谈判。通过各方努力，蒋介石被迫接受“停止内战、联共抗日”的主张。历时 14 天的西安事变，终于获得和平解决，这成为扭转时局的枢纽，全国团结抗战的局面初步形成。

华北事变后，日军继续在中国侵略。他们的下一个目标是北平。当时，北平城的北、东、南三面都已经被日军控制，位于北平西南的卢沟桥成了北平城与外界联系的唯一通道。日军为了彻底切断北平与外界的联系，绞尽脑汁想要控制卢沟桥。1937 年 7 月 7 日晚，驻守在卢沟桥的中国军队听到了枪炮声，这让他们顿时警觉起来。不久，日军来到卢沟桥，谎称一名士兵在演习过程中失踪，要求进城搜查。此时的日军是什么状态？荷枪实弹，气势汹汹，这样子哪里像寻找失踪士兵的模样，分明就是醉翁之意不在酒，在乎宛平县城也。中国守军并不畏惧，严词拒绝了日方的无理要求。日军立即包围宛平城[①]。为了防止事态扩大，中国派人与日本协商。但日军的目标很明确，那就是拿下宛平城。在谈判的过程中，日军发起了进攻，中国军队此刻毫不畏惧，奋起反击。日军在一天时间内向宛平城发动了三次进攻，都被中国军队击退。这就是历史上有名的七七事变，七七事变标志着中国全民族抗战的开始。

日本发动全面侵华战争之后，中国国民党和中国共产党也加快了联合的步伐。卢沟桥事变发生后一星期，中国共产党发表了国共合作宣言，表示停止与国民党对抗，停止用暴力手段没收地主的土地，军队改编为国民革命军。随后，蒋介石在江西庐山发表了一番慷慨激昂的谈话，一改此前对日本的妥协退让态度。

① 位于卢沟桥东，是一座桥头堡，至今城墙上还保留着当年日军炮击的弹痕。

此时的他已经认识到如果放弃土地和主权，将会是中华民族的千古罪人。战争一旦开始，无论男女老幼，不管身处何方，都有保家卫国的责任。要不怕牺牲、坚持抗战到底。蒋介石在身边的石柱上写下了 10 个大字——养天地正气，法古今完人。此刻，会场内的人们热血沸腾，他们此刻是多么希望立刻奔赴第一线与日军展开较量啊。经过多次协商，中国工农红军改编为国民革命军第八路军，朱德为总指挥，彭德怀为副总指挥。下辖 3 个师——115 师、120 师、129 师，林彪、贺龙、刘伯承分别担任师长。中共留在南方的游击队改编为国民革命军新编第四军，叶挺出任军长。1937 年 9 月国民党中央通讯社公开发表了中共提交的国共合作宣言，蒋介石发表谈话，承认了中国共产党的合法地位。这样，国共两党实现了第二次合作，抗日民族统一战线正式建立。

2. 全民族抗战，一寸山河一寸血

1937 年 8 月 9 日，两名日本士兵开着汽车想要强行进入上海虹桥机场，被中国守军拦下，双方发生争执。争执愈演愈烈，日本士兵拔出枪来威胁，中国士兵鸣枪警告，两位日本士兵见情况不妙，驾车逃窜。此时，驻扎在附近的中国士兵还不知道究竟发生了什么事，当他们看见了开车逃窜的日本士兵，于是开枪射击，将两名日本士兵击毙。日本以此为借口，发动了侵略上海的战争。

当时中国的首都在南京，上海是南京的重要屏障，为了保卫上海和南京，蒋介石亲自担任总司令，布置作战事宜。这场战斗持续了 3 个月，形势千变万化。战争伊始，中国军队主动出击，沉重地打击了日军的嚣张气焰，日军节节后退，死守待援。当双方的援军都到达战场之后，战场的形势发生变化，日军由守转攻，中国军队不断抗击，双方都损失惨重。到了 10 月下旬，日本援军从杭州湾登陆，为了避免腹背受敌，中国军队只好撤退。这场战争虽然失败了，上海也丢失了，但是，这场战争为中国赢得了宝贵的 3 个月时间，得以重新进行战略部署，也打破了日军战前叫嚣的 3 个月灭亡中国的美梦，激发了全国人民的斗志。

全面抗战开始后，国民政府在正面战场组织兵力对抗日军，组织了四大会战，即淞沪会战、太原会战、徐州会战、武汉会战。中国共产党领导的八路军和新四军则深入敌后开辟战场。

在淞沪会战期间，位于中国北方的日军也采取了行动，他们的目标是山西省省会太原市。国民政府调集大量军队，组织太原会战。为配合国民党兄弟部队作战，八路军 115 师决定采取行动，他们准备在平型关[①]伏击日军。

为了打好这一场伏击战，师长林彪高度重视。他三次带人去平型关勘察地形，对麾下每支部队的位置都做了精心的安排。

平型关两侧峰峦叠起，陡峭险峻，最狭窄处只能通过一辆汽车，这样的地形让平型关成为绝佳的伏击地点。当日军进入埋伏圈时，早已埋伏好的 115 师借助平型关两侧的制高点，居高临下，步枪、机枪、手榴弹、迫击炮等各种武器同时开火，毫无准备的日军顿时被打得人仰马翻。115 师趁此机会对日军展开分割、包围。此战，中国军队歼敌 1000 余人，史称平型关大捷，打破了日军不可战胜的“神话”。

淞沪会战后，为了实现迅速灭亡中国的战略目标，打通南北战场，日本打算利用从南京浦口地区到天津的津浦铁路从南北两个方向夹击徐州。台儿庄，这个山东省的南大门，是从北向南进攻徐州的最后一道屏障，战略地位十分重要。

1938 年 3 月，战事打响。3 月 24 日，日军凭借火力优势猛攻台儿庄三天三夜，终于在 3 月 27 日冲入了台儿庄。很快，台儿庄三分之二的地方被日军占领，日军已经迫不及待地通过媒体宣布他们拿下了台儿庄。但在台儿庄内，一支中国军队死战不退，台儿庄因此没有全部丢失。指挥官李宗仁计划将日军拖在台儿庄内，外面的大军对台儿庄形成包围，来个瓮中捉鳖。4 月 7 日凌晨，李宗仁下达反攻命令。此时坚守多日的中国军队群情激奋，台儿庄内一时杀声震天，血流成河。日军在中国军队的强大攻势下终于支撑不住，狼狈逃窜。在这场与日军正面对抗的战争中，中国取得了最终的胜利，此战歼敌 1 万多人，缴获武器若干。这场珍贵的胜利，振奋了中国军民的精神，坚定了人们的抗战信念。

3. 中国共产党成为全民族抗战的中流砥柱

全民族抗战开始后，中国共产党深入敌后，发动人民群众，坚持全面抗战的路线。当时国民党内部有两种声音，一种认为中国对日本的作战可以速战速

① 位于山西省大同市与忻州市交界处的平型岭脚下。

决；另一种认为抗日战争形势不容乐观，中国会灭亡。面对这两种言论，毛泽东在 1938 年发表《论持久战》一文，他认为，在当时的情况下，日军的实力强于我方，我们不可能速战速决。但是，日本发动的侵略战争是非正义的，我方的反侵略战争是正义的，必然会得到广大人民群众和国际社会的支持。日本国土面积小，资源贫乏，经不起长期战争的消耗；中国国土面积广阔，资源丰富，人口众多，可以经受得住持久战争的考验。必须依靠中国广大人民群众的力量，最终的胜利是属于我们的。毛泽东的《论持久战》一文，不仅有力地驳斥了“速胜论”和“亡国论”，也表明了中国共产党对于抗日战争的认知，这是一场持久战。这一论调大大增强了全国人民抗战的信心和决心。

往事钩沉

全民族抗战爆发后，国民党和共产党虽然实现了合作，但是在抗战路线上有所区别。国民党主要依靠政府和军队抗战，称为片面抗战路线。共产党则是依靠全国人民群众的力量共同抗战，是为全面抗战路线。

中国共产党指挥下的八路军、新四军在全国多地建立抗日根据地和游击区，采用灵活的作战方式，如深挖地道抗击敌军的地道战，广布地雷对抗敌军的地雷战，三三两两如同麻雀觅食般目标小、行动灵活的麻雀战，以破坏敌人交通线路为目标的破袭战等，都使得日军颇为头疼，疲于应付。

为贯彻全面抗战路线，中国共产党对各抗日根据地积极地进行建设。在各根据地，中国共产党建立抗日民主政权，进行民主选举，精兵简政。为争取一切可以争取的力量，实行地主减租减息，农民交租交息的政策。要求地主减少土地赋税，农民积极向地主缴纳地租。通过这样的方式，缓和了农民和地主的矛盾，使双方可以团结起来共同抗战。

为了应对中国共产党建立的广大抗日根据地和游击区，日本实行“囚笼政策”，即利用铁路、公路、碉堡等设施，将抗日根据地分割后进行扫荡。为了打破敌人的封锁，八路军在彭德怀的指挥下组织 100 多个团，发动百团大战。战争从1940年8月开始一直持续到1941年，重点在于破坏敌人交通线，摧毁日军在抗日根据地的据点，对敌人的扫荡进行反击。百团大战取得丰硕战果，据统计，八路军共参加大小战斗1800多次，破坏铁路470多千米，公路1500多千米，缴获大量武器，收复几十座县城，有力地配合了国民党军队正面战场的作战。

> **人物小史**
>
> 彭德怀（1898—1974），湖南湘潭人。抗日战争时期任八路军副总指挥，中华人民共和国成立后被授予元帅军衔，曾带兵参加抗美援朝战争。

到了1941年，此时抗日战争的状况逐步向着有利于中国的方向发展。大好的局面下，国共两党更应抓住机会，团结一致，将日本侵略者尽快赶出中国领土。然而此时，国民党内部的消极因素正在缓慢抬头，先是汪精卫叛国投敌，在南京建立伪国民政府；之后，国民党方面刻意制造国共摩擦。

早在1940年10月，国民政府给八路军、新四军下达指令，要求黄河以南的八路军、新四军全部调集到黄河以北。这一命令明显不利于抗战大局，共产党方面为了避免冲突，同意将皖南的新四军调集至长江以北。1941年1月，新四军9000余人开始转移阵地。与此同时，国民党方面早就看中了新四军行进路上必经之地茂林。这里地势险峻，群山环绕，是埋伏的绝佳地点。国民党在这里布置了七个师的兵力，不知情的人还以为是针对日军的，实际上他们的目标是自己人。当新四军行进至茂林地区时，突然遭到袭击。新四军在毫无准备的情况下仓促应战，同时发电报向国民党当局询问原因。此刻的蒋介石明面上表示已经要求前方的将领查询真相，背地里则下达命令，要求生擒新四军军长叶挺、副军长项英。双方兵力悬殊，战争的胜负已成定局。新四军包括副军长项英在内的绝大部分战士牺牲，前去和国民党当局谈判的军长叶挺被扣押。蒋介石还反咬一口，谎称新四军“叛变”，宣布取消新四军的部队番号，撤掉了叶挺的职务，命令部队继续向长江以北的新四军发动进攻。在抗战尚未取胜之时，枪口便已经对准了自家人，这就是震惊中外的皖南事变。

共产党以“千古奇冤，江南一叶，同室操戈，相煎何急”发出斥责，从舆论和行动上击退了国民党顽固派发动的第二次反共高潮！

三、光明和黑暗，两种前途怎么选？

当国内抗战形势紧张之时，蒋介石以及国民政府在正面战场组织大量兵力，与日军进行战斗，取得了一定的胜利，比如台儿庄战役、三次长沙保卫战。但随着日军在中国战场逐渐走向下坡路的时候，国民政府想的不是“宜将剩勇追穷寇”，而是老调重弹，又开始把主要的精力放在对付中国共产党上面来了。日本人敏锐地嗅到了国民政府的这一改变，于是，他们于1944年初，在河南、湖南、广西三省发动了大规模的战争（豫湘桂战役）。国民党军此时因为心不在战，一溃千里。据统计，此战中国方面损失士兵50万至60万人，沦陷人口6000多万，丢失飞机场和空军基地共43个，丢失146个大小城市，可谓损失惨重。

往事钩沉

中国的14年抗日战争可以分为5个阶段：1931年九一八事变爆发至1932年年底为局部抗战兴起阶段；1933年至卢沟桥事变爆发前为局部抗战发展阶段；卢沟桥事变至武汉会战结束为战略防御阶段；1938年10月至1943年7月为战略相持阶段；1943年7月至最终抗战胜利之时为战略反攻阶段。

1944年到1945年，世界反法西斯战争朝着有利于正义的一方倾斜，诺曼底登陆开辟了欧洲第二战场，德国法西斯败局已定。在亚洲，日本在太平洋战场接连失利，在中国战场上日益艰难，中国军队开始局部反攻，收复失地。伴随着世界反法西斯战争形势的转变，1945年4月至6月，抗日战争获胜的前夕，中国共产党在陕西延安召开了第七次全国代表大会。这次大会认真地总结了以往的经验教训，特别是多年抗战的丰富经验。会议强调，要继续发动群众，壮大人民的力量，在中国共产党的领导下，将日本侵略者赶出中国，解放全国，建立一个崭新的中国。这次大会，毛泽东同志被选举为中央委员会主席，并且毛泽东思想被写入中国共产党党章，成为今后开展工作的指导方针之一。这次大会，使大家的思想和行动统一了方向，为抗战的最终胜利准备了条件，也为战后的道路指明了方向。

1945 年 8 月，美国向日本的广岛和长崎投掷了两枚原子弹；苏联对日宣战，出兵中国东北；毛泽东同志发出《对日寇的最后一战》，号召大家全面反攻。日本对于来自多方的进攻无力应对，8 月 15 日，日本天皇宣布无条件投降。中国人民得知这一消息，兴奋异常，大街小巷张灯结彩。9 月 2 日，日本政府正式签署投降书，中国人民浴血 14 年的抗战迎来最终的胜利，台湾也重新回到祖国的怀抱，此时距离《马关条约》割让台湾给日本已然过去半个世纪之久。

抗战十四年，保家卫国、血洒疆场、马革裹尸，峥嵘岁月稠！

全民族抗战，坚持终得胜利；得道多助、失道寡助，正道是沧桑！

抗日战争中国取胜的原因有哪些？

第三节　抗战胜利，举国同庆

翻开中国近代史，我们会发现，抗日战争是中华民族历史上最伟大、最壮烈的反侵略战争。它给每一个中国人，留下了许多复杂、难忘的记忆，比如抗争、痛苦、悲伤、屈辱等。对于每一个有骨气、有爱国精神的中国人来说，抗战期间的一些特殊的历史时刻，可谓刻骨铭心，永世难忘。比如，1945年9月9日9时，曾经残暴野蛮、不可一世的侵华日军总司令冈村宁次将签有自己的名字、盖好了印章的投降书，递交到中国战区受降代表何应钦的手中，正式宣告中国人民取得了自鸦片战争以来反抗外国侵略的第一次完全胜利。这来之不易的胜利，令亿万中华儿女顿时沉浸在扬眉吐气的激动之中。

一、日本投降的经过是怎样的?

1. 抗战后期的形势

1945年，注定要被载入人类史册。这一年，世界反法西斯力量取得节节胜利，法西斯败局已定。

2月4日至11日，斯大林、罗斯福、丘吉尔在苏联雅尔塔举行首脑会议，就“进一步加强合作，尽快打败德国、日本法西斯”这一主题，进行了深入、激烈的讨论，达成了一系列的一致意见。2月19日至3月26日，硫黄岛战役，美军阵亡6800多人，负伤2万多人。4月27日，苏联红军攻入柏林，两天后，希特勒自杀。5月8日，法西斯德国正式宣布投降，欧洲战争结束。6月，冲绳岛战役结束，美军阵亡2万多人，负伤5万余人。

7月16日，美国原子弹爆炸试验取得成功。7月17日，苏、美、英三国首脑在德国波茨坦举行会议。10天后，《中美英三国促令日本投降之波茨坦公告》发表，声明中美英三国在战胜纳粹德国后，一起致力于战胜日本，以及履行《开罗宣言》等对战后日本处理方式的决定，敦促日本无条件投降，否则将予以日本

“最后之打击”。时任美国总统的杜鲁门，因为有了原子弹这一“撒手锏”，对苏联参战不太感兴趣，并没有邀请苏联协商。

8 月 6 日，为了减少美军伤亡，加快结束战争，美国空军 B-29 轰炸机向日本广岛[1]投放了原子弹（长约3米，重约4.5吨），给日本造成了巨大的人员伤亡，当天死亡人数超过 10 万，后续增加到 25 万人。

8 月 8 日，苏联宣布履行《雅尔塔协定》，派遣百万大军出兵中国东北，攻击盘踞在那里的日本关东军。9 日，毛泽东发表《对日寇的最后一战》的声明，号召中国人民一切抗日力量立即举行全国规模的大反攻，与盟国一起对日本进行最后的决战。同一天，美国向日本长崎[2]投放了原子弹。随后，中国抗日军队展开全面大反攻。

8 月 15 日，日本天皇裕仁发表广播讲话，接受《波茨坦公告》，宣布无条件投降。

投降，是绝望中的日本所能做出的唯一选择。日本的投降，标志着第二次世界大战的落幕，也标志着中国人民进行了 14 年的艰苦卓绝的抗日战争取得了最后的胜利。

2. 湖南芷江洽降

芷江原本只是一座湘西小城，并不出名。

1938 年到 1942 年，数万民工用汗水和血肉之躯在芷江修建了一座大型军用机场，时称“远东第二大军用机场”，在日本投降前夕，这是当时中国唯一幸存的中美军事基地。1945 年 2 月，中美空军的战机从这里起飞，轰炸了裕仁天皇的皇宫。芷江机场，对日军构成极大威胁，成为日本人的心腹大患。1945 年 4 月 9 日，中日之间最后一战——芷江保卫战在这里打响。当时，冈村宁次集结 8 万日军，以摧毁芷江机场为目标，与何应钦指挥的 20 万中国守军，展开惨烈的厮杀。至 6 月 7 日，日军撤退，会战才结束。芷江保卫战历经 55 天，中国军队以阵亡 7700 人的代价，毙伤日军 3 万余人，取得了辉煌的胜利。这场战役，成为日本侵略军在中国战场上的最后一次进攻战。这次失败，加速了日军投降的进程。

---

① 日本陆军之城，日本本土防卫军第二总军的司令部所在地。

② 日本九州岛西岸港口城市，是一个交通枢纽。

8月15日，日本宣布无条件投降。8月18日，中国战区统帅蒋介石发布命令，赋予中国战区陆军总司令何应钦芷江受降的重任。

选择芷江作为受降地，是有原因的。那时候，日本人狂妄地认为，他们在中国战场并没有战败，是终战，不是投降。中国方面，则针锋相对，把洽降地选择在芷江。战后，日本官方战史承认的唯一一次全面失败的战役（中国战场），就是芷江保卫战（又称湘西会战）。当时，重庆高层会议讨论后决定，正式受降的地点，选在南京。接洽受降的仪式在芷江举行。赴南京受降的部队，由最具战斗力的新六军担任，以震慑日军。

8月20日，何应钦及随员、新闻记者50余人，乘坐四架军用运输机，同时抵达芷江机场。得知芷江洽降的消息，当地群众兴奋无比，高呼着“打倒日本帝国主义”；芷江的大街小巷，到处都是欢呼着庆祝抗战胜利的人群。8月21日，日本投降代表、驻华日军副参谋长今井武夫一行4人，乘坐冈村宁次专机飞往芷江洽降。

下午4时，洽降典礼在芷江七里桥举行，中国战区参谋长萧毅肃主持仪式。整个洽降过程，历经1个小时17分钟。今井武夫将日军在华兵力部署图交给了中方代表，并在“中字第一号备忘录”上签字。这份备忘录，实际就是命令日军投降的详细规定。

3. 9月9日9时在南京受降

1945年9月2日，日本无条件投降的签字仪式，在美军“密苏里号”战列舰上举行。9月3日，被宣布为中国人民抗日战争胜利日。之后的中国受降仪式，备受期待。

为什么选择在南京受降？

南京，是当时国民政府的首都。南京沦陷前，国民政府被迫将首都迁往重庆。1937年12月13日，日军攻陷南京。此后，长达6周的时间内，侵华日军公然违反国际公约，在南京制造了惨无人道的大屠杀，杀害放下武器的中国军人及手无寸铁的平民，据战后南京审判战犯军事法庭记载，死难者总数在30万人以上。侵华日军的这一法西斯暴行，激起了中国人民的无比愤慨。因此，选择在南京受降，具有特殊的意义。

9月9日9时，中国战区受降仪式在南京原中央军校大礼堂举行。

为什么选择在9月9日9时受降?

一种说法，蒋介石为纪念1895年农历九月初九孙中山在广州发动的第一次反清武装起义而确定的。另一种说法，宋词《贺新郎》中有“三九良辰佳气蔼，听重重相贺欢声溢”的佳句。“9”被认为是最吉利的数字，象征着崇高和完美。选择这一天受降，象征中国抗战取得了完全胜利。

受降部队新六军9月5日开始乘美国军用运输机陆续飞往南京。他们的任务是占领南京，控制侵华日军总部，接受京沪铁路沿线防务。9月8日，参加南京受降仪式的中国战区陆军总司令何应钦由芷江乘“美龄号”专机，由9架战斗机护航，飞往南京。侵华日军总司令冈村宁次、小林浅三郎、今井武夫等日军高级将领在机场肃立于一侧，恭迎何应钦等受降代表。各盟军代表团及地方官员、工会、农会、商会各界代表1万余人，前往机场迎接，场面十分隆重、盛大。

中央军校门外牌坊顶端镶嵌着一个巨大的“V”字，象征着胜利；下方贴一行金字：中国战区日本投降签字典礼会场。大礼堂正中悬挂着中、苏、美、英四国国旗。旗下，就是受降席和投降席。两席后面，各有8名武装士兵警卫。

8时50分，千余座位已无虚席。219名中国陆海空将校，51名国民政府官员，47名盟军代表，88名中外记者，共400余人，等候见证历史时刻。

8时52分，何应钦一行步入会场，在受降席就座。8时58分，冈村宁次一行7人自礼堂正门入场，在投降席就座。9时整，受降仪式正式开始。9时4分，何应钦命冈村宁次呈验签降代表证件。验毕，“日本投降书”中文文本由萧毅肃转交冈村宁次。9时7分，冈村宁次在“投降书”上签上自己的名字，并盖好印章，命小林浅三郎交由萧毅肃转呈何应钦。9时9分，何应钦检视“投降书”后签名盖章。随即，何应钦又将《中国战区最高统帅第一号命令》让萧毅肃转交，冈村宁次在受领证上签名盖章，由小林浅三郎呈递。9时15分，何应钦宣布《中国陆军总司令部第一号命令》。9时20分，中国战区120余万日军的投降签字仪式顺利完成。

二、抗日战争的胜利有哪些意义？

抗日战争，又称为日本侵华战争、第二次中日战争。对于中国来说，它是一场捍卫国家独立和主权的、正义的民族解放战争。从1931年九一八事变算起，到1945年日本正式签署无条件投降书止，这场战争持续了十四年。十四年里，中国人民众志成城、前赴后继、英勇无畏，付出了巨大的民族牺牲，终于赢得了自1840年鸦片战争以来中国人民反抗外来侵略的第一次完全胜利。

抗日战争的胜利，对中国和世界均产生了重大而深远的影响。

抗日战争的胜利，挫败了日本军国主义征服中国、独霸亚洲的图谋，让中国人民一雪前耻，赢得了民族独立和国家主权，从根本上改变了近代以来中国饱受列强欺凌的屈辱历史，展现了中国人民不畏强暴、同侵略者血战到底的英雄气概，增强了中华民族的民族凝聚力和民族自豪感，促进了中华民族的觉醒，成为中华民族走向复兴的新起点。

抗日战争的胜利，促进了中华民族的大团结，显示了中国人民的伟大力量。在抗日战争中，中国实现了真正意义上的民族团结抗战。各民族、各阶级、各团体、各政党、港澳台同胞和海外侨胞，团结在抗日民族统一战线的旗帜下，有钱出钱，有力出力，万众一心，铸就了坚不可摧的抗战力量，成为抗日战争胜利的最重要保障。在抗日战争中，中国军队共消灭日军154万人以上，受降日军128万人以上。此外，在敌后战场消灭伪军118万人。日军在中国战场上损失的兵力占到日军损失总数的65%。中国战场成为第二次世界大战的东方主战场。中华民族的大团结，是战胜强敌的决定性力量。

抗日战争是世界反法西斯战争的重要组成部分，抗日战争的胜利空前提高了中国在国际社会中的地位，使中国重新回到大国的行列。

中国战场是抗击日本法西斯的主战场。中国军队牵制了2/3以上的日本陆军、1/3以上的日本海空军，阻止了日本的“北进（苏联）”计划，推迟了其“南进（东南亚）”计划。在抗日战争中，中国军民伤亡3500万人以上，其中，军队损失380多万人。中国伤亡人数占第二次世界大战期间各国伤亡总数的1/3，经济损失6000多亿美元。中国人民为世界反法西斯战争的胜利付出了巨大的民族牺牲，做出了巨大的贡献。

美国总统罗斯福曾经说过："假如没有中国，假如中国被打垮了，你想一想，有多少师团的日本兵，可以调到其他方面作战？他们可以马上打下澳洲，打下印度——他们可以不费力地把这些地方打下来，并且可以一直冲向中东……和德国配合起来，举行一个大规模的夹击，在近东会师，把苏联完全隔离起来，吞并埃及，切断通过地中海的一切交通线。"苏联领导人斯大林、英国首相丘吉尔也在公开谈话中对中国抗战给予了极高的评价。

1942 年 1 月 1 日，中国政府代表在华盛顿签署《联合国家宣言》，中国正式成为与苏、美、英并列的战时四大国之一，成为世界反法西斯战场上一支不可或缺的力量。1945 年 4 月 25 日，联合国成立大会在美国旧金山召开，中国代表出席并签署联合国宪章。中国成为联合国的创始会员国之一，还获得了作为安理会常任理事国所拥有的否决权。中国的大国地位得以确立，成为战后国际秩序重建的中坚力量。因此，中国赢得了世界爱好和平的人民的尊敬，也赢得了崇高的民族声誉。

抗日战争的胜利，成为中华民族由衰败走向振兴的转折点。在抗日战争中，中国共产党起到了中流砥柱的作用，赢得了广大人民的衷心拥护和大力支持。在随后进行的三年解放战争中，中国共产党领导的人民民主力量日益壮大，结束了国民党在大陆的统治，建立了中华人民共和国，开辟了中国历史的新纪元。

参考文献

[1] 陈瑞云，张留学，宋世章．杨靖宇将军传 [M]．郑州：河南人民出版社，1985．

[2] 张群良，潘玉清，赵运红．民族英雄：杨靖宇传记 [M]．郑州：河南人民出版社，2004．

[3] 徐光荣．赵一曼 [M]．南昌：二十一世纪出版社，2008．

[4] 张麟，舒扬．赵一曼 [M]．北京：工人出版社，1957．

[5] 穆景元，张桂芝．抗日义勇军与《义勇军进行曲》[M]．长春：吉林文史出版社，2014．

[6] 谢太浩．义勇军进行曲 80 年 [M]．北京：人民出版社，2017．

[7] 本书编写组．中国近现代史纲要（2018 年版）[M]．北京：高等教育出版社，2018．

[8]《中国近代史》编写组．中国近代史（第二版）下册 [M]．北京：高等教育出版社、人民出版社，2020．

[9] 章绍嗣，田子渝，陈金安．中国抗日战争大辞典 [M]．武汉：武汉出版社，1995．

[10] 东史郎．东史郎日记 [M]. 张国仁，汪平，汪丽影，等译．南京：江苏教育出版社，1999 年．

[11] 李涵．档案揭秘：历史第一现场 [M]．北京：北京时代华文书局，2014．

[12] 王建朗，黄克武．两岸新编中国近代史 · 民国卷（上）[M]．北京：社会科学文献出版社，2016．

[13]《密勒氏评论报》．外国记者眼里的抗日战争：中国的抗战 [M]．李同华，译．上海：上海科学技术文献出版社，2015．

[14] 李久林．中国人民抗日战争胜利的伟大意义［J］．思想理论教育导刊，2015，12（204）：53–56．

第五章

天安门见证时代变迁

第一节　中华人民共和国成立

大家知道一个国家的成立需要经过哪些步骤吗？毛泽东设想，成立中央人民政府需要分两步完成：第一步，邀请各民主党派及人民团体的代表在解放区开会，商讨如何召开人民代表大会；第二步，召开人民代表大会，选举产生中央政府。这样一来，选举产生的政府就会获得社会各界的认可。

随着人民解放战争在全国范围内取得胜利，中国的大部分地区获得了解放，革命胜利的大局已定。中国共产党与各民主党派、各行业代表人士，加紧准备成立中华人民共和国的各项筹备事宜。1948 年 4 月 30 日，中共中央在《纪念“五一”劳动节口号》中发出各民主党派、人民团体、社会贤达迅速召开政治协商会议，成立民主联合政府的号召，这一号召立即得到社会各界的积极响应。那么，应该如何筹备成立中华人民共和国呢？考虑到中南、西南还有数省没有最终解放，尚不具备召开全国人民代表大会的条件。在这种情况下，中央便提出了通过召开政治协商会议筹备中华人民共和国诞生的提议。

什么是解放战争？

抗日战争胜利后，人们普遍期待和平建设国家。中国共产党为争取和平、民主，做出很大努力。但是，国民党坚持独裁统治，于 1946 年发动了全面内战。

中国共产党领导解放区军民，先后粉碎国民党军的全面进攻和重点进攻，之后展开战略反攻，发起三大战役（辽沈战役、平津战役、淮海战役）。1949 年 4 月，解放军占领南京，结束了国民党在大陆的统治。解放军向全国进军，直至 1950 年 5 月 19 日解放舟山群岛。至此，解放战争的大规模作战行动结束。

1949 年 6 月，新政治协商会议筹备会第一次全体会议在北平中南海勤政殿召开。毛泽东在开幕典礼上指出，这次筹备会的任务就是完成各项必要的准备工作，以迅速召开新的政治协商会议，成立各党派组成的民主联合政府。会议选举 21 人组成新政协筹备会常务委员会，分 6 个小组，承担起草《共同纲领》、大会宣言和《中华人民共和国中央人民政府组织法》，拟定国旗、国徽、国歌方案等工作。代表们一致通过将新政治协商会议更名为“中国人民政治协商会议”，以充分反映群体代表的广泛性与民主性。会议确定参加中国人民政治协商会议第一届全体会议的单位 45 个，代表 510 人，候补代表 77 人，特别邀请代表 75 人，共 662 人。新一届政治协商会议囊括了全国各民主党派、人民团体、人民解放军和国内少数民族、海外华侨、爱国民主人士。

1949 年 9 月 21 日，中国人民政治协商会议第一届全体会议在北平中南海怀仁堂隆重开幕。毛泽东在开幕词中庄严宣告：“占人类总数四分之一的中国人从此站起来了！”同时毛泽东指出：“现在的中国人民政治协商会议是在完全新的基础之上召开的，它具有代表全国人民的性质，它获得全国人民的信任和拥护。因此，中国人民政治协商会议宣布自己执行全国人民代表大会的职权。”大会一致通过了《中国人民政治协商会议共同纲领》（简称《共同纲领》）、《中国人民政治协商会议组织法》、《中华人民共和国人民政府组织法》等重要文件。

《共同纲领》规定了新政权的性质：“中华人民共和国为新民主主义即人民民主主义的国家，实行工人阶级领导的、以工农联盟为基础的、团结各民主阶级和国内各民族的人民民主专政，反对帝国主义、封建主义和官僚资本主义，为中国的独立、民主、和平、统一和富强而奋斗。”会议决定中华人民共和国定都北平，改北平为北京；中华人民共和国采用公元纪年；以《义勇军进行曲》为代国歌；中华人民共和国的国旗为红底五星旗，象征中国共产党领导下的中国人民大团结。

9 月 30 日，大会闭幕式选举产生中国人民政治协商会议第一届全国委员会委员 180 人；选举毛泽东为中华人民共和国中央人民政府主席，朱德、刘少奇、宋庆龄、李济深、张澜、高岗为副主席，陈毅等 56 人为政府委员。当日下午 6

时，全体代表齐集天安门广场，举行人民英雄纪念碑奠基典礼，以缅怀在人民解放战争和人民革命中，以及自 1840 年以来在反对内外敌人的斗争中，为中华民族独立和中国人民解放事业而英勇献身的革命先烈。

中国人民政治协商会议第一届全体会议，是全国人民团结的盛会，是中国共产党领导的中国革命民族统一战线的伟大胜利。

第二节 “中国人从此站立起来了”

1949年10月1日，在首都北京隆重举行了有30万人民群众参加的开国盛典。当天，人们有的擎着红旗，有的提着红灯。工人队伍中，有从老远的长辛店、丰台、通县[①]来的铁路工人，他们清早到了北京车站，一下火车就直奔会场。郊区的农民是五更天[②]摸着黑起床，步行二三十千米路赶来的。到了正午，天安门广场已经成了人的海洋，红旗翻动，像海上的波浪。

下午2点50分左右，参加开国大典的领导人乘车从中南海勤政殿出发，到了天安门城楼的后边。下车后，毛泽东和其他领导同志一起，从城楼西边的楼梯拾级而上，一步一级上了100个台阶。

下午3点整，中央人民政府秘书长林伯渠宣布典礼开始。中央人民政府主席、副主席、政府委员在天安门城楼上就位。在群众的欢呼声中，毛泽东主席庄严宣告：“中华人民共和国中央人民政府今天成立了！”随后，他亲手启动电钮，升起中华人民共和国国旗，奏《义勇军进行曲》。30万人一起脱帽肃立，一起抬起头，瞻仰鲜红的国旗。五星红旗升起来了，中国人民从此站起来了。54门礼炮齐鸣28响，寓意参加中国人民政治协商会议第一届全体会议的54个民族，以及标志着中国共产党领导人民英勇奋斗的28年。

接着，举行盛大阅兵式，受阅部队按分列式在《中国人民解放军进行曲》等乐曲声中，由东向西依次经过天安门，军容威武，步伐整齐。参加开国大典的受阅部队人员总计约1.64万名，代表着当时全军500万部队。这支部队在中国共产党的领导下，顽强拼搏，英勇奋战，为民族独立、人民解放事业建立了不朽功勋。阅兵式上，最先接受检阅的是海军分队，他们以“八一”军旗为前导，英姿勃勃地通过天安门主席台。紧接着的是多兵种的陆军部队，包括步兵、炮兵、战

① 现北京市通州区。

② 凌晨3点至5点。

车兵、骑兵等兵种，他们在《八路军进行曲》《坦克进行曲》《骑兵进行曲》等伴奏下，队列整齐，精神抖擞，雄赳赳、气昂昂地接受着祖国和人民的检阅。当陆军战车师行进到天安门时，空军飞机以三机和双机为编队，依次飞经天安门广场上空。一时间，天上与地面，相互交映，形成雄伟的立体武装阵容。整支受阅部队体现了人民军队攻无不克、战无不胜的战斗精神，展示了人民军队威武之师、胜利之师的英勇形象。

阅兵式结束后，群众满怀豪情地举行庆祝游行。工人队伍走在最前面，后面是农民、机关人员、学生等，组成一支象征全国人民大团结的群众游行队伍。参加游行活动的群众精神振奋、热情高涨，不断高呼“中国共产党万岁！”“中华人民共和国万岁！”“毛主席万岁！”面对群众的欢呼，毛泽东同志始终挥手致意。面对万众欢腾、激情澎湃的场面，毛泽东同志高呼：“同志们万岁！”“人民万岁！”这更加点燃了游行群众的热情，他们改变了原有的行走路线，像潮水般涌向天安门，纵情地欢呼。毛泽东同志在城楼上激动地回应，城楼上下相互呼应，形成一片欢乐的海洋，充分展现了人民爱领袖、领袖爱人民、领袖与人民心连心的真情实感。据毛泽东同志身边的工作人员回忆，大典活动结束后，已经是晚上 10 点左右，毛泽东同志回到中南海住所丰泽园，激动地说：“人民喊我万岁，我也喊人民万岁，这才对得起人民呀。”从这里可以看出，我们敬爱的伟大领袖毛泽东同志与人民群众之间的感情是多么真挚、多么深厚、多么感人啊！同一天，已经解放的各大城市也举行了热烈隆重的庆祝活动。

中华人民共和国的诞生，从根本上结束了帝国主义、封建主义、官僚资本主义统治的历史，人民群众真正成为国家的主人，中华民族一洗 100 多年来蒙受的屈辱历史，开始以崭新的姿态立于世界民族之林。中华人民共和国的诞生，为实现由新民主主义向社会主义的过渡创造了前提条件，从根本上改变了中国社会的发展方向，为实现国家富强、民族复兴展示了美好前景和现实道路，中国历史从此开辟了一个新纪元。中华人民共和国的诞生，改变了世界格局，大大加强了世界和平民主和社会主义阵营的力量，对世界历史产生了广泛而深远的影响。

参考文献

[1] 郭大钧．中国当代史（第4版）[M]．北京：北京师范大学出版社，2017．

[2] 当代中国研究所．中华人民共和国简史（1949—2019）[M]．北京：当代中国出版社，2019．

[3] 当代中国研究所．新中国70年[M]．北京：当代中国出版社，2019．

第六章
伟大的变革与面向未来

第一节　革命建设，谱写新篇

1949 年 10 月 1 日，中华人民共和国的成立，开辟了中国历史的新纪元。从此，以中华民族伟大复兴为初心和使命的中国共产党，领导全国各族人民进行社会主义革命和建设，取得了举世瞩目的成就。

在中华人民共和国成立初期，党领导人民开展了土地改革、抗美援朝、镇压反革命等运动，巩固了新生的人民政权，恢复了国民经济；之后，制定并实施“一五计划”，奠定了国家工业化的良好基础，通过对农业、手工业、资本主义工商业的社会主义改造，消灭了生产资料私有制，确立了社会主义制度。

1956—1966 年，党又领导人民全面探索社会主义建设道路，取得了经济、文化建设的重大成就，但是，也发生了“大跃进运动”和“人民公社化运动”这样的严重失误。随后，毛泽东出于对党和国家政治状况的错误估计，又错误地发动了“文化大革命”。

1981 年 6 月，中国共产党十一届六中全会通过的《关于建国以来党的若干历史问题的决议》指出：“1966 年 5 月至 1976 年 10 月的‘文化大革命’，使党、国家和人民遭到建国以来最严重的挫折和损失。”它是一场由领导者错误发动，被反革命集团利用，给党、国家和各族人民带来严重灾难的内乱。

“文化大革命”结束后，全国人民对“两个凡是”进行了坚决地抵制。1978 年 5 月，关于真理标准问题的大讨论在全国范围内展开，解放了人们的思想。

1978 年，注定要在中国历史上留下不可磨灭的印痕。从这一年开始，在中国共产党的领导下，中国坚定地、彻底地终结了“以阶级斗争为纲”的路线，甩开思想包袱，走上一条崭新的、符合中国国情的“中国式”现代化道路。从此，长城内外，大江南北，到处都焕发出勃勃的生机与无穷的活力。在短短的 40 年里，中国的经济、科教、外交、社会、体育、国防等各项事业取得了令世人瞩目的辉煌成就，为中华民族复兴梦的早日实现奠定了坚实而强大的基础。

第二节 分田到户，首批特区

历史，总是在不经意中酝酿着巨变。1978 年 5 月，《光明日报》发表了一篇《实践是检验真理的唯一标准》的特约评论员文章，犹如一石激起千层浪，全国各地迅速掀起了要求冲破“两个凡是”的思想解放浪潮。

这是一场伟大的思想解放运动，为十一届三中全会的召开奠定了思想基础。

一、18 枚红手印的力量有多大?

1. 农民的“夙愿”

古往今来，土地既是中国社会最重要的财富，也是最重要的生产资料。对于土地、对于农业生产，了解最深刻的，是广大农民。

中华人民共和国成立后，数亿贫苦农民获得了土地，终于实现了“耕者有其田”的梦想。随后，按照自愿的原则，农民把土地交给自己信任的农业生产合作社（1958 年后，建立了人民公社）。这样，土地归集体所有，并由集体统一经营管理。但是，生产责任无法落实到单个社员身上。社员付出的劳动，无法被准确计量，多劳多得、少劳少得的按劳分配原则难以落实，因而，难以持久地激发全体社员的生产积极性。

1956 年，一些地方的农民提出实行“包产到户”的要求。“包产到户”的前提是，土地属于集体，改变土地单一、僵化的经营体制，由农民的家庭来经营土地，从而获得自主经营权。其实质是，把土地所有权和土地经营权分离开来，发挥集体和农民两方面的积极性，有利于农业生产的发展。但是，在此后的 20 多年里，各地关于“包产到户”的争论，始终没有停止过。农民们的这一愿望，一直没有得到实现。

2. 万里与“省委六条”

如今，地处安徽省凤阳县的小岗生产队，是闻名全国的农村改革先锋。很多人不明白，中国农村的改革为什么会在这里起步。

凤阳县，是明朝开国皇帝朱元璋的出生地。凤阳县之所以闻名全国，可不全是因为朱元璋这个历史人物，而是与一首花鼓词有关：“说凤阳，道凤阳，凤阳本是好地方，自从出了朱皇帝，十年倒有九年荒。大户人家卖田地，小户人家卖儿郎，奴家没有儿郎卖，身背花鼓走四方。”三年困难、十年动乱时期，凤阳成了有名的“三靠县”——生产靠贷款、吃粮靠返销、生活靠救济，农民的温饱问题无法得到解决。很多农民背井离乡，寻找活路。这首花鼓词，就是随着外流乞讨的凤阳人传到全国各地的。

1977年6月，由邓小平提名的万里担任安徽省委第一书记。万里，是个老革命，也是一位有能力、有责任感的老领导。他到安徽上任的最初3个月，经常深入农村，到农民中调查研究，了解实际情况。在凤阳，万里同当地干部座谈如何解决农民外流讨饭的问题。有人说：“这里的农民有讨饭的习惯。”万里听了，生气地说：“我不相信，有粮食吃，有饺子吃，谁还会去讨饭！”

经过几个月的实地调研，万里深刻地认识到，农村不改革，就没有出路，必须制定新的农村政策不可。1978年，在万里的领导下，安徽省下发了被称为“省委六条”的政策性文件。这份文件，具有一定的突破性，在一定程度上，反映了农民的心愿。它从安徽农村的现状出发，力图突破当时的农村经营管理体制，增强农村政策的灵活性，以调动集体和社员两方面的生产积极性，促进农业生产的发展。其中，有一条特别关键，即尊重生产队的自主权，包括生产的自主权、分配的自主权、劳动力的自主权。其实质是“尊重实际、尊重群众、发扬民主和反对官僚主义‘瞎指挥’”。农业生产，要因地制宜、因事制宜，生产队干部和社员群众最有发言权。“省委六条”发布后，生产队掌握了自主权，开始落实包产到组、包干到组等不同形式的生产责任制，突破了原有的农业经营管理体制，调动了农民的积极性，取得了很好的效果。

1978年秋后，万里参加了中央工作会议。参会前，他写了一份书面意见，其中，最重要的一条，是建议中央废除人民公社体制。但是，由于当时的条件所限，没有受到足够的重视。中央工作会议通过的文件，明确提出了两个“不许”，即“不许分田单干，不许包产到户”。两个“不许”的提出，意味着农村改革面临着很大的阻力，在政策层面，尚未取得实质上的突破。

3. 从“包产到组”到“包干到户”

对于安徽农民来说，1978 年本来是充满希望和转机的一年。因为“省委六条”的实施，使得生产队掌握了自主权，各种各样的联产承包形式蓬勃发展。但是，天公不作美，一场罕见的严重干旱袭击了安徽，境内河流几乎全部断水，农业大减产。这可愁坏了广大农民，干部们也是焦急万分。

1978 年 11 月 24 日，一个寒冬之夜，凤阳县梨园公社小岗村，出现了颇具悲壮意味的一幕。小岗生产队队长严俊昌、副队长严宏昌、会计严立会三人，经过商量，决定在严立会家召开一次秘密会议。村里每家的户主参加会议，18 个户主，加上干部，共 20 人。会上，议定如下事宜：一是把土地分到户，不准任何人向外透露；二是保证上交国家粮油，该给国家的给国家，该交集体的交集体。如果事情被捅出去，干部坐牢，大家就是讨米也要给干部送牢饭，全体社员共同负责把干部的小孩抚养到 18 岁，决不反悔。在一盏昏暗的马灯下，会议内容被写成契约，大家举手通过，到会的 20 个人郑重地在自己的名字下摁下 17 个指印和 3 个印章，以示信守。

有资料显示，在当时的中国农村，类似小岗村所发生的事情，可能有十几起，甚至更多。至少，安徽省的许多地方搞了“包产到户”。

不过，小岗村的“包产到户”，其实是“包干到户”，即将全队 517 亩地，按人分到户，各项上交任务按人包干到户，包干任务完成后，剩多剩少全归自己。这种“大包干”，更彻底，利益更直接，方法更简便，更受农民欢迎。

可是，当时，国家给的政策，只能包产到组，不能包产到户。这似乎是一根红线，不可逾越。小岗村私下里搞“包产到户”，是违背国家政策的，性质十分严重。起带头作用的几个村干部，是有坐牢的风险。但是，哪怕是坐牢，这几个干部，也要大胆试一试。他们的想法，得到了一些农户的支持。这在一定程度上说明，“包产到户”是民心所向、大势所趋。小岗村大胆走出的这一步，是中国农村经济体制改革的关键一步，具有划时代的意义。

小岗村“包产到户”的结果如何呢？

经过小岗村农民一年的努力，小岗村的粮食、油料、家庭副业均获得了大丰收。光是小岗村的粮食产量，就达到了 66 吨，相当于 1966 年至 1970 年 5 年粮食产量的总和。过去的23年，小岗村未向国家交过一粒粮食，而1979年，向国家交售粮食近25 000斤。

小岗村的“包干到户”，是农民群众偷偷摸摸地干起来的，因此没有人总结它、宣传它。俗话说，世上没有不透风的墙。小岗村的“秘密”，还是被传播开来。很多地方，暗地里也学习小岗村的做法。

值得一提的是，时任凤阳县委书记陈庭元很早就得知了小岗村的“秘密”。他也默许了他们的举动。

1980年1月，在安徽省委召开的一次会议上，陈庭元将小岗村“包干到户”大增产的材料，直接交给了省委书记万里。万里一口气读完，连说：“好，好！”会后不久，万里冒着纷飞大雪来到了小岗村，挨家挨户地走访。当万里走到关友江家时，得知这个人口多、劳动力差的农户家里，贮存了数千斤粮食，由衷地赞叹：“呵！这回讨饭庄不再饿肚子了！”

人们都说，人民群众推动历史前进。小岗村的农民搞“包干到户”，推动了经济体制改革，就是一个很有说服力的证据。

1983年，包括小岗村“包干到户”在内的农村责任制，被国家正式确立为“家庭联产承包责任制”，并向全国农村推广。1993年，它被写入了《中华人民共和国宪法》。家庭联产承包责任制的确立，极大地解放了中国农村生产力，解决了亿万农民的温饱问题，推动着中国社会与经济的巨变。

二、小渔村为什么能发展成为大都市?

当今中国有四个一线城市，即上海、北京、广州、深圳。前三个，能成为一线城市，很好理解。唯独对深圳，人们可能不明白其中的缘由。1979年以前的深圳，还只是原宝安县下属的一个镇。1978年，深圳镇的总面积只有2.9平方千米，人口2.3万人，城区道路不足3千米。到了2020年年底，深圳市常住人口达到1767.38万人。2021年，深圳市国民生产总值（GDP）在全国排第三，超过香港，在粤港澳大湾区位列第一。

人们不禁会问：到底是什么原因，让深圳在短短的42年里从一个小渔村发展成现代化国际大都市?

1. 我国对外开放为什么从深圳开始?

深圳与香港之间，仅隔着一条深圳河。

深圳，原本是宝安县下属的一个镇。这里，人口聚居较多，工商业兴旺，深圳墟远近闻名。1953 年，宝安县治迁至深圳墟。那时候，深圳比较落后，还只是一个“小渔村”。

宝安县与香港之间的关系，源远流长。香港新界，原来就属于宝安县。宝安县和香港地区的群众在生产、生活上的往来十分密切。从 20 世纪 60 年代开始，香港经济、社会发展迅速，成为“亚洲四小龙”（指新加坡、韩国、中国香港地区、中国台湾地区）之一。这与一河之隔的深圳，形成了鲜明的对比。

20 世纪 50 年代后期，宝安县有一些居民，非法越过深圳河，进入香港地区。20 世纪 60 年代初，我国对国民经济进行调整，宝安县结合当地实际，采取了比较灵活的经济政策，与香港发展小额贸易，初步取得了成效，对“越境现象”起到了一定的缓解作用。然而，好景不长，这种小范围的对外开放政策，在“文革”中受到批判，被迫中止。此后，又多次发生内地群众非法越境进入香港的事件。“逃港事件”的发生，严重影响了宝安县当地的经济发展和社会稳定。

1976 年,“文革”结束。1977 年，邓小平把广东省作为他视察全国的第一站。在视察广东期间，邓小平听取了广东省主要领导关于“逃港事件”的汇报。邓小平听完汇报后，沉默良久，然后十分肯定地告诉大家，“我们的政策有问题”。

从此以后，从中央到地方，各级领导对宝安县展开了密集调研和考察。与此同时，宝安县领导多次向中央、广东省委反映边境群众要求恢复过境耕作和小额贸易的强烈愿望。1979 年 1 月 23 日，广东省委决定将宝安县改为深圳市，以建立出口基地，发展对外贸易。2 月，广东省委、省政府正式批复，同意深圳市在边境地区实施小额贸易。4 月，中央召开经济工作会议。不久，邓小平就做出了创办深圳经济特区的重大决策。

2. 最早的“出口特区”

在 1978 年 12 月召开的十一届三中全会上，邓小平正式提出了对外开放的历史性决策。俗话说，万事开头难。要将对外开放这一重大决策落实到行动上，必须找到突破口。

1978 年，已经 61 岁的袁庚，准备退休，突然接到通知，要他前往香港招商局（交通部在港企业）工作，以“打开局面”。袁庚到达香港后，经过数月调研，向中央提出了创建蛇口工业区的建议：利用内地廉价的土地和劳动力，加上海外资金、技术、原材料和先进管理经验，实行进出口免税的特殊政策，打造出一个对外工业区，我们可以称之为出口特区。这一建议，很快得到了邓小平、李先念等中央领导人的肯定和支持。

1979 年 1 月 31 日，当着中共中央副主席李先念的面，袁庚要到了位于宝安县蛇口（今南山区蛇口）一块面积为 2.14 平方千米的土地。这里，是一个名副其实的小渔村。

1979 年 7 月，蛇口工业区基础工程破土动工，炸山填海，气势如虹。工业区开建的消息，不胫而走，港商、外商纷至沓来。他们实地考察，与招商局谈判，在蛇口创办了一大批三资企业——外商独资经营企业、中外合资经营企业、中外合作经营企业。

短短的 5 年时间，蛇口工业区在分配制度、人才制度、住房制度、金融制度等诸多领域，突破了过去的束缚，积极探索，实现了多项创新，取得了显著成就，为深圳乃至全国的改革开放提供了丰富的经验。

3.“敢闯敢试、敢为人先”

如今，“敢闯敢试、敢为人先”，成了深圳精神。40 多年来，深圳数不尽的有益探索与创新实践，有力地证明了这一点。

（1）在蛇口工业区，三资企业的员工，由工业区代为招聘，他们的养老问题，一直困扰着工业区的管理者。那时候，党政机关、国企、集体企业职工的退休金，一律由原工作单位承担。三资企业员工的退休金，是不是也要由这些企业来负担呢？这么多人的退休金加起来，可不是一个小数目，企业老板们愿意出这笔钱吗？他们很可能不会答应，会直接跑路，离开蛇口工业区。

1980 年，乔胜利被上级调到深圳，主管蛇口工业区的人事工作。针对三资企业员工的养老问题，他与同事们一同研究，派人到新加坡和香港考察，与企业老板们沟通、协商，率先在国内社保领域进行了探索，开创了社保制度。具体的做法是：为每一个企业员工建立一个永久性的社保账号；员工每工作一个月，所在企业就必须提供一个月的退休保障金；企业从员工个人的工资里面提取一部分，作为退休保障金的一部分；企业缴纳和工资提取的退休保障金，都存入员工社保账户；员工在工业区内的企业之间流动时，可以累计。

社保账号的建立，是深圳人一次大胆的探索，也是一次创新。它解决了三资企业老板和员工的后顾之忧，保证了企业和工业区的正常运转，成为今天中国社保制度的源头。

（2）国贸大厦，地面建有 50 层，曾经号称“神州第一楼”，是“深圳速度”最闪亮的名片之一。主楼的建设过程，在今天看来，仍有些惊心动魄。

国贸大厦的承建方，是通过公开招投标程序确定的。承建此项工程的，是中建三局一公司。该公司承诺：主楼采用滑模施工，一次能滑出 1300 平方米的建筑面积，且在一个模具里面铸成，大厦笔直划一，无懈可击。然而，当工人们建到第四、五层时，发生了大面积的混凝土拉裂拉空现象，钢筋裸露在外，十分危险，只能停工。当时，事态非常严重，有人站出来指责，不该使用滑模技术施工，太危险了。

但是，也有人坚持主张使用滑模技术，先按标准混凝土量和硬度重新加固拉空部分，再组织人进行滑模技术攻关，找到拉空拉裂的原因，对大面积、大灌入量的混凝土，必须同时同步浇灌，上千斤顶滑升，以保证质量。接下来的滑模施工一路顺畅，速度越来越快，最终创造出“三天一层楼”的施工奇迹。

通过这个事例，大家会发现，人们口中常说的“深圳奇迹”，其实并不是什么真的奇迹突现，它与我们在学习、生活、工作过程中遇到难题之后，不断尝试、大胆创新，最后取得成功，并无二样。正是无数个看似“常见”“普通”的大胆尝试与创新，才铸就了今天的深圳经济特区。

4. 思想解放，动力之源

思想，是行动的先导。正是思想上的不断突破和深入，推动了深圳的巨变。在深圳的发展历程中，1984 年和 1992 年是两个关键节点。这两年，邓小平亲自来到深圳考察。他以卓越改革家的格局和眼光，扫除了大家观念上的藩篱和思想上的障碍，为深圳经济特区的发展，为中国的社会主义现代化事业指明了正确的方向。

（1）特区姓“社”还是姓“资”？

早在20世纪80年代初期，由于对经济特区这一社会主义国家中的新生事物缺乏科学的认识，在理解上产生了偏差，一些人对经济特区持怀疑态度，出现了关于深圳经济特区姓“资”还是姓“社”的大争论。蛇口工业区，作为“经济特区中的特区”，成了这场大争论的焦点。这种氛围，无疑会影响到经济特区的发展和改革开放的进行。

1984年1月，邓小平来到深圳视察。他说：“办经济特区是我提倡的，中央定的，是不是能成功，我来看一看。”他先听取了深圳市委书记梁湘的汇报，但他“既不点头也不摇头，既不问话也不插话”。之后，邓小平来到蛇口工业区，参观了工厂、码头、港口、微波通讯站，然后听取了袁庚、乔胜利等人的汇报。

听完汇报后，邓小平问了几个问题：蛇口工业区的资金是从哪儿来的？工业区的产品为什么不内销而要外销？外资企业在蛇口办，对蛇口有什么好处？

针对这些问题，蛇口工业区党委副书记乔胜利都认真地做了回答。他表示：工业区的建设资金问题，主要靠引进外资来解决；工业区的产品外销，是为了让外资企业外汇收支平衡，还能为国家赚取外汇；在蛇口办外资企业，可以解决员工的就业问题，可以学习到国外先进的经营管理经验，培养管理人才，可以引进国外先进设备和技术。邓小平边听边总结，他说，蛇口是引进外资的窗口，也是引进国际先进管理和先进技术的窗口。

在汇报当天，蛇口工业区创始人袁庚，还就自己提出的“时间就是金钱，效率就是生命”这句引起全国争论的口号，征求邓小平的看法。当时，邓小平并没有表态。后来，邓小平在中央全会上有如下表述：“蛇口提出来的‘时间就是金钱，效率就是生命’是从加强时间观念，提高工作效益，从经济效益这个角度强调的。”

可见，邓小平从正面、侧面都肯定了蛇口，实际上，肯定了深圳经济特区姓“社”不姓“资”。视察结束后，他还为深圳题词：“深圳的发展和经验证明，我们建立经济特区的政策是正确的。”这次视察，平息了关于深圳经济特区姓“资”还是姓“社”的大争论，在一定程度上消除了人们思想上的混乱，决定了深圳经济特区的命运走向。

（2）市场经济就等于资本主义吗？

1991年12月26日，苏联解体，红旗落地。消息传出，震惊了世界，也震惊了中国。这时，国内有些人质疑改革开放。改革开放停滞不前，经济特区命悬一线。

1992 年 1 月 19 日上午，在家人和身边工作人员的陪同下，邓小平以普通党员身份乘专列到达深圳。刚到深圳，他就急不可待地要求工作人员，安排他到处看看。可以想象，深圳在邓小平心中的位置有多重要。1 月 20 日，邓小平到达国贸大厦旋转餐厅，在这里，他发表了 45 分钟的讲话。1 月 21 日和 22 日，在去华侨城和仙湖植物园的路上，邓小平也有许多重要讲话。

邓小平的这次视察活动，全程保密，新闻都没有报道。一路上，他谈话的内容，由深圳市委指定专人负责，做了详细记录。直到 3 月 26 日，《深圳特区报》才以长篇通讯《东方风来满眼春——邓小平同志在深圳纪实》发表了相关内容。紧接着，新华社、中央人民广播电台、中央电视台、《人民日报》，香港各大媒体，以及美联社、路透社等国外媒体，都对邓小平这次南方考察重要谈话进行了转载或转播。

“邓小平视察南方谈话”的主要观点有：经济特区姓“社”不姓“资”，以及判断姓“社”姓“资”的标准——应该主要看是否有利于发展社会主义社会的生产力，是否有利于增强社会主义国家的综合国力，是否有利于提高人民的生活水平；深圳的重要经验，就是敢闯、敢试、敢干；要坚持社会主义，坚持改革开放；改革开放的胆子要大一点；社会主义的本质是解放和发展生产力；发展才是硬道理；计划多一点还是市场多一点，不是社会主义与资本主义的本质区别，计划经济不等于社会主义，资本主义也有计划；市场经济不等于资本主义，社会主义也有市场，计划和市场都是经济手段。

邓小平的这些观点，直击要害，一针见血，厘清了干部群众对改革开放的误区，平息了关于经济特区姓“社”姓“资”、市场与计划的争议，进一步解放了人们的思想，引发了中国新一轮的改革开放大潮。

1992 年 10 月，在北京召开的中共十四大，正式确立了我国改革开放的目标——建立社会主义市场经济体制。1997 年召开的党的十五大，邓小平理论被确立为党的指导思想。勤劳勇敢、富有创造力的中国人民，在中国共产党的领导下，甩开思想包袱，沿着中国特色社会主义道路，踏步前行，走向更加美好的未来。

第三节　一国两制，推进统一

实现祖国的统一大业，是每一个中国人的梦想。曾经，有七个游子离开了祖国母亲的怀抱，这里有“东方之珠”香港，还有“宝岛”台湾。随着祖国的综合国力不断增强，“七子”当中已有六位孩子回到了祖国母亲的怀抱。时代变迁的背后，是一个个家庭的悲欢离合，是每个个体人生命运的颠沛流离。接下来，我们就通过寻常百姓的视角，了解祖国的统一大业。

一、明月何时照我还？

1. 小小眷村，浓浓乡情

在祖国的宝岛台湾，有许许多多老旧的村庄，用于安置解放战争末期随国民党退往台湾的 60 万老兵和他们的家属。这些村庄见证了一个时代的流离与海峡两岸关系的变迁，它们有一个共同的名字，叫作“眷村”。这里的“眷”既是“家眷”，也是“眷恋家乡”的意思，代表了远离故土的台湾游子对家乡无尽的思念。

在眷村，一草一木，都渗透着老兵们对故乡的思念，每一口美食，都藏着深深的乡愁。以台北三重市三重一村、台中清水信义新村和银联二村为例，部队迁移到台湾之前，曾长期驻扎四川、贵州一带，入台后，他们还是吃着麻辣的四川菜，将口音与川菜都移植了过来。当时也有不少山东籍的军人迁移到台湾，因此一提起眷村食物，首先想到的就是山东大馒头。很多文学作品也对山东大馒头情有独钟，话剧《宝岛一村》描述了一位山东人娶了一位勤劳能干的台湾女人，两人每天做馒头、卖馒头的情节。现在台湾有名的小吃“川味红烧牛肉面”，就是当年老兵到台湾，选用当地食材仓促做出的饭食——豆瓣酱加上红烧汤头，再放几块牛肉罐头里的牛肉。在台湾，原本人们不吃牛肉、不吃面的情况下，几十年后，牛肉面反而成了人尽皆知的特色美食。连锁店“永和豆浆”也是一样。永和与台北市仅有一桥之隔，在 20 世纪 50 年代，一群老兵家属随军来到了这里，因为没有工作，便开始做起了磨豆浆、卖豆浆的小本买卖。他们每天两三点起来磨豆浆、煮豆浆，早晨再推着小车出去卖豆浆。后来，棒球小将屡屡在大赛中拿奖，大伙经常得熬夜看直播，早晨豆浆店铺开门最早，所以慢慢地就有越来越多的台湾人习惯了看完比赛出来喝一碗热乎乎的豆浆。每逢农历新年，眷村饮食迎来了最精彩的时光。过年前各家院子会悬挂自家做的腌制美食，广东香肠、湖南腊肉、南京板鸭、金华火腿等，种类繁多，各有风味。殊不知，这些腌制美食里寄托着浓浓的思乡之情。

作为两岸文化的交汇地，眷村里还走出了许许多多大家耳熟能详的名人。政治人物中，宋楚瑜是最出名的一个。他当时住在士林眷村，童年生活和其他孩子没什么两样，除了蹲在地上打纸牌、玩弹珠外，就是到地里挖番薯。眷村出来的演艺界人士就更多了。剧作家赖声川创作了知名话剧《宝岛一村》，故事讲述了二十世纪五六十年代，来自大陆不同地区和族群的人们来到台湾眷村，组成了一个全新的社会群居形态。戏剧中来自不同地区的三个家庭、四代人之间的故事，折射出了个人在大时代的动荡下如浮萍般不得已的命运。

往事钩沉

宝岛台湾与祖国母亲的“三离两归”

台湾这个游子命运多舛（chuǎn），曾三次与祖国母亲分离。第一次分离是在明朝末期，当时荷兰殖民者来到亚洲时，趁明朝国势衰败之际，出兵侵占台湾。直到1662年，郑成功率领25 000名将士击退荷兰殖民者，台湾才重新回到祖国母亲的怀抱。第二次分离是在1895年，甲午战争中国战败，日本凭借《马关条约》割占台湾。当时的台湾人民听闻日本割占台湾的消息，如晴天霹雳，他们奔走相告，在街头抱首痛哭。日本占据台湾长达50年，直到中国人民取得抗日战争的胜利后，台湾才又一次回到祖国母亲的怀抱。1945年10月25日，台湾摆脱日本殖民统治，台湾人民涌上街头，共同欢庆期盼了半个世纪的时刻。第三次分离是解放战争时期，国民党退往台湾。至此，海峡两岸长期处于隔绝状态。

2. 少小离家老大回

在台湾有一位名叫高秉涵的老人，他一生的经历可以说是海峡两岸关系的缩影。

1935 年，高秉涵出生于山东菏泽。他 13 岁那年，国民党在解放战争中溃败，仓皇撤出山东战场。1948 年 8 月 5 日，在乱兵的裹挟下，高秉涵与几位同学坐上了离乡的马车，前往江南的“流亡学校”。

自从踏上了离乡之路，高秉涵便开启了颠沛流离的一生。时间来到 1949 年，随着国民党政权彻底崩溃，高秉涵所在的流亡学校也宣告解散。后来，他加入了一支从战场上败退下来的国民党军队，拖着瘦弱的身躯一路追随进入福建，最终赶上了国民党准备撤往台湾的船只。高秉涵侥幸爬上了甲板，一路颠簸来到了台湾。

但到了台湾后，命运的磨砺才刚刚开始。他所在的溃军被遣散，年幼且无一技之长的他，只好再次流落街头，靠捡拾垃圾为生。幸运的是，一位在台北火车站做清洁工的老乡见他可怜，总是悄悄地从食堂带饭给他，还帮助他进入车站里售卖东西，让他有了微薄的收入。在老乡的鼓励下，他重新拾起被迫放弃的学业，考上了在当地颇有名气的中学，后来又考入大学的法律系，毕业后成为一名颇有名气的律师。

1979 年，高秉涵律师第一次离岛前往西班牙参加学术会议。正是在这一年，全国人大常委会发表了《告台湾同胞书》，打破了两岸关系的坚冰。他鼓起勇气，给家乡的母亲写了一封家书。然而，由于当时两岸并没有直接通信，再加上担心自己跟着国民党军队撤退台湾会对家人造成不良的影响，所以，这封几经斟酌的信最终从欧洲寄出，经美国转了大半个地球后才到达大陆。这封信历时三个月之后，最终到了高秉涵的弟弟高秉涛的手中。在寄出书信的第二年，高秉涵终于收到了来自大陆亲人的消息，得知家中的大姐和三姐健在。1985 年，阔别了几十年的高秉涵一家人终于在香港团聚，唯一的遗憾是，高秉涵朝思暮想了 31 年的母亲最终与他阴阳两隔。

在与家人团聚的同时，高秉涵意识到，自己是幸运的，因为有那么多和他一样背井离乡的国民党老兵一辈子也没有回到家乡，最终只能客死他乡。作为他们中的一员，高秉涵太理解这些孤苦无依的老兵们对家乡的深切思念。于是他萌生了一个念头——帮助去世的老兵们叶落归根，魂归故里。1992 年，他将第一位台湾老兵王世祥的骨灰带回到菏泽老家。此后，在 30 年的时间里，高秉涵陆续将 200 名台湾老兵的骨灰带回故乡安葬，实现了老兵们魂归故里的愿望。

2012 年，高秉涵被评为“感动中国”十大人物之一。组委会对他的颁奖词这样写道：“海峡浅浅，明月弯弯。一封家书，一张船票，一生的想念。相隔倍觉离乱苦，近乡更知故土甜。少小离家，如今你回来了，双手颤抖，你捧着的不是老兵的遗骨，一坛又一坛，都是满满的乡愁。”

二、“你们可以下岗，我们上岗”是什么意思？

1. 摔倒的“铁娘子”：撒切尔夫人

1982 年，当时的英国首相撒切尔夫人决定访华，一来是对我国进行友好访问，二来是借此机会谈谈香港问题。在人民大会堂，我国领导人邓小平与撒切尔夫人如约见面会谈。那天撒切尔夫人走进人民大会堂时，可谓是精神抖擞，十分自信，因为她刚刚解决了马岛问题，在她看来继续掌控香港的控制权也是小菜一碟。但在会谈结束之后，这位“铁娘子”走出人民大会堂，脸上多了几分憔悴与失落。当她在下台阶的时候，突然摔倒在了地上。那么，会谈的六个小时里，究竟发生了什么，让“铁娘子”自信满满而来，却失落而归呢？

当撒切尔夫人一行即将走到福建厅门口的时候，福建厅的大门忽然从里面打开了。邓小平带着工作人员快步走到撒切尔夫人身边，一种革命家身上独有的威严感瞬间盖住了撒切尔夫人身上的自信。彼时，尚未领略到邓小平高超谈判能力的撒切尔夫人，并没有对邓小平强大的气场感到不适，她伸出手向邓小平寒暄：“邓先生，我作为英国的现任首相访华，见到你很高兴。”邓小平大笑着握住了撒切尔夫人的手：“英国的首相我认识好几个，但是我认识的现在都下台了。欢迎你来中国！”没有接上邓小平第一句话的撒切尔夫人，在记者离开之后就率先发问。只见撒切尔夫人坐在沙发上，盛气凌人地抬着头，她不紧不慢地向邓小平发难："邓先生，中国同英国在香港问题上，早就签署了三个条约。既然这些条约仍然存在，那么就必须遵守。"早有准备的邓小平首先斩钉截铁地告诉撒切尔夫人："香港是中国的领土，这很明确，没有讨论的余地。"然后邓小平指出，这次谈判要讨论的问题有三个：除了香港回归中国的问题，一个是1997年要采取什么方式来管理香港，让香港继续繁荣，另一个则是中英两国应该采取什么样的措施，保证香港在1997年回归之前不出大波动。为了表明中华人民共和国收回香港的决心，邓小平还向撒切尔夫人举了个例子："如果不收回香港，就意味着中国政府是晚清政府，中国领导人是李鸿章！"看到邓小平如此强硬，撒切尔夫人也不甘示弱，一再拿条约"要挟"中国，邓小平逐渐被激怒。他忍不住向一旁的助手低声抱怨："我简直没法跟这个女人谈，她根本不讲道理！"眼见中国丝毫不肯让步，撒切尔夫人甚至还亮出来了自己的"底牌"："如果你们坚持要宣布收回香港，那就会带来灾难性的后果！英国会使用非和平方式保留对香港的治理权。"邓小平听到撒切尔夫人用武力威逼中国，大笑了起来："两年里我们一定要共同解决这个问题，不能再拖了。如果我们双方在一些原则问题上达不成协议的话，中国就要另外考虑收回香港的时间和方式了。"

人物小史

撒切尔夫人，全名玛格丽特·希尔达·撒切尔（1925—2013），英国右翼政治家，第49任英国首相，1979年至1990年在任。她是自19世纪初利物浦伯爵以来连任时间最长的英国首相。撒切尔夫人的政治哲学与政策主张被通称为"撒切尔主义"，她在任首相期间，对英国的经济、社会与文化面貌做出了既深且广的改变，被苏联媒体戏称为"铁娘子"，这个绰号甚至已成为她的主要标志。1990年，她未能于第一轮党内竞选击败对手迈克尔·赫塞尔廷，因而宣布辞职，其后她所属意的候选人财政大臣约翰·梅杰参选并最终获胜；她在11月28日正式离任，结束了长达11年半的执政期。

2.“你们可以下岗，我们上岗”

“我代表中国人民解放军驻香港部队接管军营，你们可以下岗，我们上岗。祝你们一路平安。”一段通过智能修复技术后的香港回归交接仪式视频曝光，时任中方指挥官的谭善爱声如洪钟，铿锵有力。时隔20多年，当我们再次回看这一幕时，依然热血澎湃，无比自豪。那一刻，经历了百余年沧桑的香港终于回到祖国的怀抱，一个伟大民族的正气豪迈之音，激荡在每个中国人的心中。

1995年，广州军区的谭善爱接到上级通知后，成了驻港部队中的一员，奉命前往深圳进行训练。对当时的军人来说，在香港即将回归的前夕，能够成为一名驻港军人，不仅是一份沉甸甸的职责，更是光荣的使命。来到深圳训练后，谭善爱表现出色，不久后又接到命令，他将成为中方指挥官，在回归那天与英军进行交接。在受领任务后的近2个月时间里，谭善爱把要对英军说的话重复了上千遍，其间不停地调整语速和表情，只为了保证不出现任何纰漏。他曾表示：“让英国人看到我，就能感觉到中国军人的勇武。”6月份的深圳异常炎热，驻港部队冒着酷暑，以最高标准练习每一个动作和姿势，汗水浸透了他们的军装，但谭善爱与战士们不曾感到辛苦，因为这些都是值得的。经过几个月的训练，时间终于来到6月30日，那天他们离开深圳时，衣服、鞋子全被大雨淋湿了。在形象上，他们也不敢有丝毫马虎，为保证晚上进驻香港后能有良好的形象，他们费了很大工夫，从帽子到鞋子全部整理了一遍，他们要给全世界留下一个精神威武的解放军形象。当时在中英防务交接的十几分钟里，围观的有香港居民、工作人员、英方人员等，现场十分嘈杂。谭善爱丝毫没有被他们影响，他的心里只有一个想法：以完美的状态把任务完成好。终于，经过了烦琐的流程，他喊出了那句令国人心潮澎湃的话，这短短的一句话，包含了太多的激动和自豪。我们中国人再也不用对列强卑躬屈膝，可以义正词严地要求他们离开中国的土地。谭善爱圆满地完成了自己的任务，没有辜负党和国家的信任，在香港回归前的那个夜晚，向全世界人民展现了中国军人的风貌。这段经历让谭善爱毕生难忘，而那句话在多年后，依然让人热血沸腾！

第四节　禾下乘凉梦，一株济世草

2019 年 9 月，庆祝中华人民共和国成立 70 周年之际，国家勋章和国家荣誉称号颁授仪式成为打动所有人心头的一幕。党和国家以最高规格、最高荣誉褒奖英雄模范，弘扬他们忠诚、执着、朴实的鲜明品格，致敬这个时代最闪亮的星！

2021 年 9 月由国家广播电视总局出题、组织创作，上海广播电视台出品的重大现实题材电视剧《功勋》又引发了人们的关注，8 位“共和国勋章”获得者的人生故事首登荧屏。作为国家广播电视总局“理想照耀中国——庆祝中国共产党成立 100 周年”展播活动的重点剧目，《功勋》取材于首批 8 位“共和国勋章”获得者的真实故事，以“国家叙事、时代表达”的艺术手法，用单元剧形式串联起他们的人生华彩篇章，诠释功勋人物“忠诚、执着、朴实”的人生品格和献身祖国的崇高境界。

带着“禾下乘凉梦”、一心扎根田野的袁隆平承诺：“我还是会选择把秧苗插到田里去，不管明天迎接我的是什么命运。”每当他拉奏李四光的《行路难》一曲时，常有这样的感慨：“这首曲子告诉人们，探索科学的道路是艰难的，但不管怎么难，科研工作者也要走下去才会有希望获得成功……”几十年来，屠呦（yōu）呦往返于实验室与蒿（hāo）草之间，致力于青蒿素抗疟（nüè）的研究。当年即便 523 项目推进了许久迟迟未见成效，她也从未被挫折打垮过，更不会轻言放弃，因为她笃信“追逐真理和科学的人，永远不会老”。

让我们一起走近和聆听这些感人至深的生命履历，一起回望和见证他们几十载静水流深、拼搏奋斗的故事。

一、袁隆平的两个梦想各是什么？

2021 年 5 月 22 日 13 时 7 分，“共和国勋章”获得者、中国工程院院士、“杂交水稻之父”袁隆平在长沙逝世，享年 91 岁。第二天凌晨，国内知名插画师团队在微博发布了最新作品缅怀袁隆平，画面下方用了袁隆平的原话："我一直有两个梦想，一个是禾下乘凉梦，一个是杂交水稻覆盖世界梦。"

作为中华人民共和国培养出来的第一代学农大学生，袁隆平是如何选择成为"麦田的守望者"，最终成就"杂交水稻之父"的国际美誉？

1. 禾下乘凉梦

袁隆平于 1930 年出生在北平，一个出生在大城市里的人怎么会想到去研究农作物呢？没能享受上太平盛世时期北京这座皇城所拥有的帝都氛围，3 岁时袁隆平便被母亲带着逃往江西乡下避难。也正因为这个"不幸"，让他第一次接触到乡下泥土的芬芳。这段生活既培养了他开放豁达的性格，也培育了他对水稻的执着。袁隆平曾说："学农缘于小学一年级时一次郊游，老师带我们到一个农场去参观，我看见满园里郁郁葱葱，到处是芬芳的花草和一串串鲜艳的果实。我觉得那一切实在是太美丽了！美得我当时就想，将来我一定要去学农。"

1953 年 8 月，袁隆平从西南农学院的农作物育种专业毕业后，被分配到湖南安江农校。第二年他被调到遗传育种教研组，担任植物学、作物栽培、遗传育种等农业基础课和专业课的教学工作。1960 年，正值国家三年困难时期，当看到骨瘦如柴因饥饿而死去的老乡，袁隆平心里非常难过。就是在这一年，他带学生到农村参加生产劳动。一天，房东伯伯冒雨挑着一担稻谷回来，他兴奋地告诉袁隆平，这是他从另一个村子换来的稻种。"为什么要换稻种呢？"袁隆平不解地问。"这些稻种谷粒饱满产量高，施肥不如勤换种啊。"房东伯伯说道，"去年我们用了从那里换来的稻种，产量提高了，今年就没有吃国家的返销粮了。"袁隆平从这件事上受到很大启发：改良农作物品种、提高产量，对于战胜饥饿有着重大的意义。袁隆平认为自己除了教好课，还应该在农业科研上做出一些成绩来，为老乡们培育出高产量的好种子。从那时起，他就一头扎进了培育水稻良种的研究中。

为此袁隆平所经历的困苦与磨难超出了常人的想象，他以顽强的毅力坚持着、努力着。他说："真的，我从来没有后悔。我这个人有点痴，认准的路一定要走到底。"袁隆平说："我的杂交水稻研究起源于一株偶然发现的特殊的卓然挺立的杂交水稻。这激发了我的灵感，使我看到了杂交水稻具有杂种优势，我由此开始从事杂交水稻的研究。这一搞就是 50 多年。”

1966 年，袁隆平发表了论文《水稻的雄性不孕性》，这篇论文拉开了中国杂交水稻研究的序幕。1973 年，在第二次全国杂交水稻科研协作会上，袁隆平正式宣布籼（xiān）型杂交水稻三系配套成功，水稻杂交优势利用研究取得了重大突破。1981 年，国务院将“国家技术发明特等奖”授予以袁隆平为代表的全国籼型杂交水稻科研协作组。“欧美、日本等都在开展相关研究，只有我们应用到了大面积生产中。”“杂交水稻还有很大潜力，我会不断攀登新的高峰。”1996 年，农业部正式立项了超级稻育种计划。4 年后，第一期每亩 700 公斤目标于 2000 年实现，随后便是 2004 年 800 公斤、2011 年 900 公斤、2014 年 1000 公斤的“三连跳”。2020 年 7 月，由袁隆平团队培育的第三代杂交水稻早晚双季稻平均亩产量突破 1500 公斤，达到 1530.76 公斤。在 2000 年 3 月 31 日至 4 月 3 日于菲律宾国际水稻所召开的国际水稻会议上，我国超级杂交稻的研究进展引起了轰动。美国权威的《科学》杂志也发表了中国科学家的研究成果，还首次刊发了中国培育的超级杂交稻株型照片。这标志着我国超级杂交稻研究在世界水稻超高产研究竞赛上处于领先地位。

袁隆平曾经多次向人们说起他做过的一个童话般的梦：“梦里，我们试验田里的水稻长得比高粱还高，上面结的稻谷有花生米那么大，我们就坐在稻穗下面乘凉。好美啊！这个梦我做过两次。”

2. 杂交水稻覆盖世界梦

袁隆平还有一个梦想——把杂交水稻推向全世界！

1979 年 4 月，国际水稻研究所在菲律宾首都马尼拉召开杂交水稻国际学术会议。此时袁隆平已经领导杂交水稻大面积制种获得成功，他应邀参会。袁隆平用英语撰写了论文《中国杂交水稻育种》，并负责会上即席答辩。结果非常成功，得到了各国专家们的认可。1982 年，袁隆平等又在马尼拉参加了当年的国际水稻学术报告会。当他走上主席台时，屏幕上显出了“Yuan Longping，the Father of Hybrid Rice”（“袁隆平，杂交水稻之父”）的字样。国际水稻研究所所长斯瓦米纳森博士对参加会议的代表说：“我们把袁隆平先生称为‘杂交水稻之父’，是因为他的成就不仅是中国的骄傲，也是世界的骄傲。他的成就给人类带来了福音！”从此以后，中国的杂交水稻开始走向世界。

1979 年，中国给美国西方石油公司赠送 1.5 公斤杂交水稻种子。1980 年，杂交水稻作为我国原创的农业技术知识产权首次转让到美国，继而推广到东南亚各国，然后传到墨西哥、巴西、意大利、尼日利亚、埃及等国家。联合国粮农组织把在全球范围内推广杂交水稻技术作为一项战略计划，专门立项支持在一些产稻国家发展杂交水稻，袁隆平受聘为联合国粮农组织的首席顾问。杂交水稻自 20 世纪 70 年代初在中国研究成功以来，全球已有 30 多个国家和地区加以研究或引种，增产效益显著，国外杂交水稻种植面积已达 200 多万公顷。同时，在国外审定登记的品种逐年增加，年出口量达 3000 多吨。

1987 年 11 月，联合国教科文组织总干事姆博在 1986~1987 年度科学奖颁奖大会称：“袁隆平取得的科研成果是继 20 世纪 70 年代国际培育半矮秆水稻之后的‘第二次绿色革命’。”2007 年 4 月 29 日，袁隆平在华盛顿接受了美国科学院授予的外籍院士称号，在评选中他是获全票通过的。世界著名科学家、诺贝尔化学奖获得者、美国科学院院长西瑟罗纳先生在新当选院士就职典礼上介绍袁隆平的当选理由时说：“袁隆平先生发明的杂交水稻技术，为世界粮食安全做出了杰出贡献，增产的粮食每年为世界解决了几千万人的吃饭问题。”

近年来，位于印度洋西部的非洲岛国马达加斯加的杂交水稻种植面积达到了 2 万公顷，平均每公顷产量达到了 8 吨，比当地品种产量增长 100% 到 300%。目前，马达加斯加已经成为非洲杂交水稻种植面积最大、产量最高的国家。2017 年 8 月，马达加斯加为“杂交水稻之父”袁隆平送上了这样一份特殊的礼物——一束印在马达加斯加最大面值新版货币上的杂交水稻，感谢来自中国的杂交水稻技术为非洲国家的粮食安全做出的重大贡献！

2021 年 5 月，在袁隆平逝世的当日，有很多市民自发来到中南大学湘雅医院、湖南省杂交水稻研究中心等地献上鲜花，表达依依送别的哀思。据《潇湘晨报》报道，在花束中间，还有市民送来三束水稻苗，青绿的水稻苗挺立在医院门口，寄托着一种别样的怀念。对于这个画面，共青团中央的微博上这样写道：“这是他留给人民的馈赠，也是人民为他饯行的礼物。”

稻子熟了，妈妈我想您了

2010年9月6日，一场献给袁隆平和首届中国杂交水稻大会的晚会“为了大地的丰收”在长沙举行。首届中国杂交水稻大会召开之际，正值“杂交水稻之父”袁隆平院士的80华诞，在现场，袁隆平饱含深情地朗诵了一段《稻子熟了，妈妈我想您了》，表达了对母亲深深的思念，让在场的每一位观众无不为之动容。“无法想象，没有您的英语启蒙，在一片闭塞中，我怎么能够用英语阅读世界上最先进的科学文献，用超越那个时代的视野，去寻访遗传学大师孟德尔和摩尔根？无法想象，在那个颠沛流离的岁月中，从北平到汉口，从桃源到重庆，没有您的执着和鼓励，我怎么能够获得系统的现代教育，获得在大江大河中自由遨游的胆识？无法想象，没有您在我的摇篮前跟我讲尼采，讲这位昂扬着生命力、意志力的伟大哲人，我怎么能够在千百次的失败中坚信，必然有一粒种子可以使万千民众告别饥饿？他们说，我用一粒种子改变了世界。我知道，这粒种子，是妈妈您在我幼年时种下的……”

二、屠呦呦的贡献，到底有多了不起？

她是药学家，60年来一直从事中药化学、生药学、炮制等领域的研究工作。她靠敏锐的洞察力发现了青蒿素并以顽强的信念将青蒿素及其衍生物创制成系列抗疟新药。她亲自试服青蒿素以验证其毒副作用，为科研勇于献身。她赢得了拉斯克奖和诺贝尔奖，却反复强调“集体发掘”！她就是屠呦呦。

1. 青蒿素是中医药给世界的一份礼物

1967年，我国政府旨在帮助越南解决抗药性疟疾流行问题的“523项目”启动，集中全国医药力量研制新型抗疟疾药。1969年1月，“523项目”领导小组提出中药配合该项目的要求，中医研究院当即组织力量成立项目组，任命中药研究所的研究实习员屠呦呦为组长。屠呦呦接受任务后，马上着手工作，查阅了古代医书的记载、研究院的民间药方，还走访了多位老中医，和项目组的同志一起花了近 3 个月的时间，精选了其中出现频率较高的 238 种药材编辑成册，上报“523 项目”领导小组，作为全国研发抗疟新药的线索，屠呦呦和项目组同事集中精力在这 200 多种药材中进行实验遴选。

项目组全力以赴做实验，多种药材做遍，可还是没有找到理想的。最令屠呦呦沮丧的是青蒿，样品的抑制率为 10% ～ 40%，实验结果并不理想。

屠呦呦小时候曾多次目睹中医药治病救人的情景，中草药在她的记忆中刻下了深深的印迹。上大学时，她学的是生药学，毕业分配到中药所工作后，曾参加为时两年多的“西学中”培训班，对中医中药有了更深刻的认识。再加上从事中药研究的工作经历，她坚信中草药里会有抗疟“真金”。

正是被这种顽强的信念和执着精神驱动，屠呦呦再次重读医学古籍。当她读到东晋葛洪的《肘后备急方·治寒热诸疟方》时，其中那高度凝练的记载有如一束强光刺破了重重迷雾。“青蒿一握，以水二升渍，绞取汁，尽服之”，她一边读着一边思索着，为什么是渍后绞取汁而不是常规的水煎呢？这个大大的问号打在脑海中，屠呦呦意识到，很有可能是水煎的高温破坏了青蒿中的活性成分，古人才聪明地“绞取汁”的。于是，她重新设计了实验，将用沸点较高的乙醇提取改为沸点较低的乙醚（mí）。这正是青蒿对疟原虫的抑制率从低于 60% 达到 100% 的关键一步！

对鼠疟和猴疟疟原虫有 100% 抑制率的青蒿乙醚提取物在临床试验之前，必须进行毒副实验，时间紧迫，屠呦呦和两位同志便亲自试服。这种为科学献身的事例，在屠呦呦研制抗疟新药过程中俯拾即是。由于乙醚有比较强的挥发性，当年的实验条件也不好，对青蒿就用大缸进行提取操作，实验人员几乎没有什么保护措施。屠呦呦为了寻找青蒿活性成分更高的部位和最佳的生长时期，反复进行实验提取，身体深受乙醚等有机溶剂的影响，最终患上了肝病。

青蒿素对治疗疟疾有效，又与此前治疗疟疾的药物化学结构不同，这就足以说明它是一种全新的药物了。1978 年，青蒿素抗疟研究课题获全国科学大会奖。2011 年，美国拉斯克奖将临床研究奖授予了屠呦呦个人，以表彰她“发现了青蒿素——一种治疗疟疾的药物，在全球特别是发展中国家挽救了数百万人的生命”。拉斯克奖有诺贝尔奖的“风向标”之称，因此引发了国人对屠呦呦获诺贝尔奖的期待。4 年后，这一期待因为她“创制新型抗疟疾药——青蒿素”变成了现实。屠呦呦在座谈会和接受媒体采访时反复强调，这个奖属于科研团队中的每一个人，属于中国科学家群体。

史海泛舟

20 世纪 60 年代，越南正经历一场异常艰难的战争。那时，他们曾向我国紧急求援！到底是要武器支援还是战术指导？都不是！他们是为了求一种药，一种能够治愈疟疾的特效药。原来，越南地处热带地区，那里遍布密林，环境常年潮湿，林中铺天盖地的蚊虫成为传播疟疾的罪魁祸首。得了疟疾的士兵通常会发热、拉肚子、打寒战…… 如果得不到及时有效的救治，死亡率会大大增加。因疟疾导致的士兵减员，竟然不比枪炮造成的伤亡少！死亡的阴影笼罩在战场上，照这样下去，越南军队根本无力抵抗外国侵略者。应越南方面的请求，我国立刻开展研制抗疟药物的专项工作。

在当时，如何治疗疟疾是一个世界性的难题。要知道，引发疟疾的元凶是一类叫作疟原虫的单细胞、寄生性原生动物，主要由雌性按蚊传播给人类，从而导致疟疾。它们寄生于人体的红细胞内，一旦红细胞被大量破坏，就意味着疟疾发作了。虽然各国研发了一些抗疟药物，但这些药物往往只能在一段时间内对疟原虫产生较好的抑制效果，很快就会因为疟原虫产生了抗药性而导致疟疾的治疗效果大降。所以，很多国家希望能找到更加有效的新药，不过一直没有得到满意的结果。

2. 追逐真理和科学的人，永远不会老

屠呦呦在工作中心无旁骛（wù）、忘我投入，为了追求真理和严谨治学，甚至还有点执拗；在日常生活中却时不时出点小差错，是一位可爱又有趣的女科学家。

有一次，上级领导带着科研任务来到研究所找屠呦呦，戴着眼镜穿着粗布

衬衣的屠呦呦却目不斜视地从领导身边走了过去。原来她一边走路一边在思考问题，根本没有注意身边经过的人。屠呦呦在日常生活中这种不拘小节的小插曲屡见不鲜：她在离开家时经常会忘记带钥匙，还会因为思考问题把行李落在火车上，好几次都因为处理实验的问题而忘了接女儿回家……

屠呦呦在家庭中的身份是淡然甚至有时根本就是缺失的，丈夫李廷钊负责操持家中事务，大女儿在幼儿园全托，小女儿则放在宁波的老家让老人照看。当屠呦呦正在忙于遍寻民间验方的那段时期，有一次老人带着小女儿来到北京看她，她没有时间和精力顾及，等回到家里才发现屋子都收拾好了，桌上是摆好的特产。还有一次屠呦呦到上海出差，抽空回老家看望老人和孩子，小女儿的称呼刚从“她”变成“妈妈”，但一通“临床试验出了问题”的紧急电话，让她差点忘记了被自己带出门的女儿，就匆匆地回家收拾行李立即返京。

屠呦呦和丈夫李廷钊相敬如宾的感情让人动容，也打破了刻板印象中的“男主外女主内”。李廷钊包揽家中大小事，支持妻子投身科研。同为高级知识分子的他，在生活上对屠呦呦无微不至地关怀，在事业上及时安抚屠呦呦的情绪，为她提供想法与思路。晚上工作之余，两人常会站在阳台上遥望满天的星斗，曾经留下这样一段让人感喟的对话。屠呦呦：“有一天我们老了，它会吗？”李廷钊：“我们会老吗？”屠呦呦：“会的。”李廷钊：“不会的，我相信追逐科学和真理的人是永远不会老的！”

屠呦呦的亲人们用温柔的爱守护着她，实验团队的同事们在科研过程中竭尽所能，在新药研发人体试验时踊跃报名。种种无条件的支持，让屠呦呦可以将全部精力投注于研究。功勋人物的背后是团队与家庭，青蒿素是屠呦呦在中医药中找到的给世界的礼物，而这份功勋也是给屠呦呦以及她身后集体的礼物。

2015 年 10 月 5 日，瑞典的卡罗林斯卡医学院宣布，中国药学家屠呦呦获得 2015 年诺贝尔生理学或医学奖。在颁奖仪式上，84 岁的屠呦呦动情地说：“对于全国 523 办公室在组织抗疟项目中的不懈努力，在此表示诚挚的敬意。没有大家无私合作的团队精神，我们不可能在短期内将青蒿素贡献给世界。”

被授予“共和国勋章”后，中国中医科学院终身研究员兼首席研究员屠呦呦这样说：“我最大的梦想就是用古老的中医药，促进人类健康，让全世界的人们都能分享到它的好处。自己一辈子想的，就是老老实实把科研做好，把课题做好，希望把青蒿素的研究做得更深入，开发出更多药物来，造福更多人，这也是我自己的兴趣所在。”

以上两位“共和国勋章”获得者的真实故事，让我们近身感受到这些功勋人物拼搏奋斗的高光时刻，也更加深刻地理解了习近平总书记的一句意味深长的话：“一个有希望的民族不能没有英雄，一个有前途的国家不能没有先锋。”

哇！原来是这样

屠呦呦是家里的独女，其他都是男孩，父母很宠她。父亲在给她取名的时候引用了《诗经·小雅·鹿鸣》中的名句“呦呦鹿鸣”，意为鹿鸣之声。

屠呦呦中学时并非“学霸”，但学习认真。屠呦呦曾先后就读于效实中学和宁波中学，是两校的校友，效实中学还保留着屠呦呦高中的学籍册和成绩单。学校一位老师说，当时屠呦呦的学习成绩不是非常突出。屠呦呦当年的高中同学介绍，屠呦呦在班上不声不响，经常上完课就回家，成绩也在中上游，并不拔尖。屠呦呦在宁波中学时的同学曾回忆，她为人低调，但是读书很认真，属于默默无闻型。

屠呦呦上大学选了冷门专业，努力做自己喜欢的事。1951 年，屠呦呦从宁波中学高中毕业，同年考入北京医学院（现为北京大学医学部），选择药物学系生药学专业为第一志愿。她认为生药学专业最可能接近探索具有悠久历史的中医药领域，符合自己的志趣和理想。在大学 4 年期间，屠呦呦努力学习，取得了优异成绩。在专业课程中，她尤其对植物化学、本草学和植物分类学有着极大的兴趣。1955 年，屠呦呦大学毕业，被分配到中医研究院工作。由于屠呦呦的专业属于西医，中药所送她到中医学习班，让她用两年半的时间系统地学习中医药。这些中西医相结合的学习背景，为她数年后发现青蒿素打下重要的基础。

第五节　两弹一星，漫步太空

“北京时间2021年6月17日9时22分，搭载神舟十二号载人飞船的长征二号F遥十二运载火箭，在酒泉卫星发射中心点火发射。之后神舟十二号载人飞船与火箭成功分离，进入预定轨道，顺利将聂海胜、刘伯明、汤洪波3名航天员送入太空，飞行乘组状态良好，发射取得圆满成功。”

看完这则报道后，大家有什么感想？是不是为我国航天事业的发展而感到骄傲？中国航天事业的发展离不开一代又一代航天人的努力，下面就让我们转向祖国雄伟的西北高原，回顾30年间中国人如何从大漠走向空间。

一、两弹是原子弹和氢弹吗？

很多人认为“两弹”是指原子弹、氢弹。其实“两弹”是指核弹（原子弹、氢弹）和导弹。二十世纪五六十年代的中国百废待兴，为什么要在极其困难条件下研制“两弹一星”？在这个过程中，我们又克服了哪些困难？

1. 美国不断核讹诈

1945年，美国在日本广岛和长崎投下两颗原子弹，同时也把世界带进了核威胁中。在之后的朝鲜战争、台海冲突中，美国多次扬言要对中国使用核武器。1950年，美国在仁川登陆后，麦克阿瑟认为，美军已占绝对优势，中国错过最佳战略时机。因此，美军不仅越过了三八线，而且向鸭绿江推进。面对美国的咄咄逼人，10月19日，中国人民志愿军跨过鸭绿江，抗美援朝，保家卫国。美国没有想到志愿军战士入朝作战，在几次战役中都失败了。面对失败，美国上下都在考虑如何对付中国。11月，美国总统杜鲁门就朝鲜战争召开了记者招待会，他在开场白中说：“我们正在增加武装力量，而且，我们动用了大约180亿美元给我们的陆军、海军等。我们会用所有的武力去对付这样的攻击。”紧接着，有记者问：“包括使用原子弹吗？”对此提问，杜鲁门既没有否定，也没有肯定，给在座的记者们留下了一团疑雾。美国要使用原子弹对付中国，成了一条非官方的重大新闻。甚至有媒体说，美军的飞机已经装载好了核弹。1994年，美国档案解密，一篇文件的题目就是《为反击共产党中国入侵朝鲜，关于美国使用原子弹的可能性所需考虑的问题》。虽然计划最终并没有付诸实践，但是在以后的日子里美国的原子弹被多次提及，给中国人民心中留下了难以磨灭的阴影。

朝鲜战争结束后，蒋介石又在东南沿海不断骚扰。张爱萍将军提出主动出击的策略，随后人民解放军在1954年春季，由北到南开始一系列夺岛战役。面对解放军的进攻，美国总统艾森豪威尔曾说：“中国的舰队可能是原子弹攻击的一个好目标。”在这样的情况下，面对美国的核讹诈，中国决心发展自己的核力量，制止核战争。

2. 代号“596”

就像其他绝密工程都有代号一样，我国第一颗原子弹试验工程的代号是“596”。为什么选取这样一个代号呢？这是因为中国和苏联在核技术研究上曾经有过合作，但是1959年6月苏联单方面撕毁了协定。苏联还说：“中国能够依靠苏联的核武器，不必自己搞了，多几个社会主义国家拥有核武器，没有多大意义。”事实告诉我们，一个国家依附强国庇护是没有前途的，我们要想反对核讹诈，就必须打破核垄断，要消灭核武器，就必须发展科学技术，自己掌握核武器。为此，苏联撕毁协定的日子，成为我国第一颗原子弹试验工程的代号。

虽然我们有信心研制自己的核武器，但现实是严峻的。当时刚刚建国，中国一穷二白，百废待兴，既缺技术又缺钱，不要说研制原子弹，就连研究图纸都没人看得懂。当听说祖国需要人才，需要研制尖端武器，大批科学家纷纷从海外归国，他们当中有从美国普渡大学回来的“娃娃博士”邓稼先，有在周恩来总理亲自关怀下归国的钱学森。原子弹研究在当时属于国家最高机密，所有参加研制者都必须断绝同家人的一切联系，隐姓埋名。当国家找到已经在苏联杜布纳联合原子核研究所任研究员的科学家王淦（gàn）昌，希望他能研究原子弹时，王淦昌做出了“我愿以身许国”的坚定回答。这些科学家远离家人，来到西北戈壁滩上。为了解决技术人才不足，科学家们既是研究者，又是教师。为了培养中国的科研人才，钱学森亲自撰写教材，并给大家讲了启蒙第一课。没有高速计算机，科学家们用手摇计算机、计算尺和算盘进行数据计算。

科学家们一边研究，施工人员一边施工。运输车辆不够，施工人员就背扛肩抬，徒步几十千米背来修筑路基的石料。缺乏机械，人们就用土工具，用石滚子代替压路机。戈壁滩用水困难，为了保证施工用水，大家就主动节约生活用水，一个人半盆水，早上用来洗脸，下班用来洗手，晚上用来洗脚，澄清一下再用来洗衣服。那时，国家正遭受严重的自然灾害，科学家把戈壁滩上植物的果实磨成粉来充饥，把节省下来的粮食支援了人民，工作却一刻也没停下。经过 3 年的艰苦奋斗，终于传来了喜讯：中国准备爆炸第一颗原子弹。

据报道，1964 年 10 月 16 日下午 3 时，随着一声巨响，新疆罗布泊上空突然出现了强烈闪光，闪光之后，一团巨大的火球腾空而起，冲击波像飓风一样向四周袭击。紧接着传来一阵令人生畏的轰鸣，就像一串串惊雷，随着轰鸣声的消失，雪白的烟雾在空中翻卷，地面上涌起的尘柱不断上升，烟雾和尘柱连在一起，形成了一朵蘑菇状烟云，在茫茫大漠中冉冉升起。在场的研制者们被这种景象惊住了，现场指挥者张爱萍将军立即拿起电话机，用颤抖的声音向周总理报告："总理，我们成功了，原子弹爆炸成功了。"听到张爱萍的报告，周总理赶忙追问了一句："你们能肯定是核爆炸？"在得到周围科学家肯定的结论后，张爱萍将军再次坚定回复："根据初步观测到的情况，可以肯定是核爆炸。"周总理听完后，如释千斤重负，连忙拿起电话向毛泽东主席汇报。

多年后，杨振宁回到祖国看望老同学邓稼先，离开北京准备飞往美国时，杨振宁悄悄地问邓稼先："我在美国时听说，中国的原子弹是美国人帮着制造的，这是真的吗？"邓稼先只回了句"以后再告诉你"。在请示了周总理后，邓稼先回信给杨振宁，信上写着：中国的原子弹全部由中国人自己研制。杨振宁看到信后，泪流满面，因为他知道，中国成功研制原子弹，那是多么困难的事情。

3. 中国第一颗氢弹爆炸成功

原子弹爆炸成功后，中国开始研制氢弹。氢弹与原子弹的原理一样，但威力要比原子弹大得多，而且氢弹用途也更广泛。1967 年 6 月 17 日上午 8 时 20 分，中国第一颗氢弹爆炸成功，中国成为世界上第 4 个掌握氢弹技术的国家。从第一颗原子弹到第一颗氢弹，美国用了 7 年零 4 个月，苏联用了 3 年零 11 个月，英国用了 4 年零 6 个月，法国用了 8 年零 6 个月，而中国只用了 2 年零 8 个月。

4. 两弹结合显神威

原子弹爆炸成功后，中国的火箭技术发展也突飞猛进。1966 年 9 月 27 日上午 9 点，中国自行设计研制的第一枚地地导弹从巴丹吉林沙漠打到了新疆的罗布泊，核弹头在靶标上空精确爆炸。“两弹结合”试验的成功，回应了国外敌对势力对中国“有弹无枪”的嘲讽，标志着我国原子弹已完全具备实战能力。

中国核武器的研制，成功打破了西方国家的核垄断，增强了我国的国防实力。20 世纪 60 年代在西北进行的一次原子弹空爆试验，爆炸后烟云扩散，正好呈现出“和平鸽”的图形，一位记者抢拍到了这幅画面，并为作品做了注释——这幅作品反映出我国进行核试验的一贯立场：中国进行必要而有限的核试验，发展核武器，完全是为了防御，其最终目的就是为了消灭核武器，中国试验核武器是为了和平。

二、“东方红一号”背后有哪些不为人知的故事？

现在人类已经发射了数千颗人造卫星，这些卫星都有什么用途呢？ 90% 以上的卫星用于军事和国民经济建设。1957 年，苏联第一颗人造地球卫星“伴侣一号”升上太空。紧接着，美国也将“探险者一号”人造地球卫星送上了太空轨道。伴随着大国的太空竞争，太空也不再宁静。为了拥有独立的通信传输，保证战时信息传输的安全性，同时进行军事观察，了解宇宙、了解太空，继美国、苏联之后，我国也着手研制第一颗人造地球卫星，代号为“651”。

人造地球卫星发射是一项复杂的工程，它包括研制运载火箭，建设发射场，研制卫星本体及其携带的科学仪器，建立地面测控网等。

发射人造地球卫星是一项复杂的工程。首先，卫星由运载火箭点火发射后送入运行轨道。进入轨道后，卫星就与第三级火箭脱离，以惯性飞行，并启动卫星两侧的切向喷嘴，开始自旋。在绕行几圈的过程中，地面控制站对其姿态进行调整，到达远地点时，启动卫星上的远地点发动机，改变航向，进入地球赤道平面，同时加速卫星使之达到在同步轨道上运行所需速度，并对其姿态做进一步调整，这样卫星就能准确地进入赤道上空的同步轨道。

经过艰苦的努力，中国最后决定将发射第一颗人造卫星的时间定为 1970 年 4 月 24 日晚 9 点 30 分。时间一分一秒地过去了，距离发射时间还有 8 小时，这时地面传来消息，一个跟踪雷达出现了不稳定状况，连续波测量不太同步。指挥员钱学森明白，这是工作人员紧张，心理压力大的缘故。在钱学森的指导下，工作人员稳定了情绪，很快排除了故障。过了 20 分钟，出现了新状况，卫星上应答机对地面发去的信号没有反应。这可是个大问题，如果故障发生在卫星上，就得打开卫星全面检查，那么发射时间就要推迟。有惊无险，经过细心检查，故障出现在地面设备中一个松动的接头上，排除了故障，准时发射。9 时整，当发射指挥部下达“30 分钟准备”预令时，又出现了情况，远在湖南新化卫星观测站发来急电，那里一台单脉冲雷达的参量放大器的电子管坏了。8 时 30 分刚换过一只新的，按技术要求，应给予 40 分钟的调整时间。指挥部把延迟发射的信息报告北京，卫星发射一波三折，此时守候在电话机旁的周恩来总理意识到，一线人员是不是太紧张了？于是，他向基地发出了最后一道指示：“不要慌忙，不要性急，要沉着，要谨慎。关键是工作要准确，要把工作做好。延长 10 分、8 分是可以的。”总理的指示非常及时，意外情况迭出，既反映了我国工业基础的薄弱，也反映了卫星发射给工作人员带来的巨大心理压力。9 时 35 分，当倒计时器上闪出“0”字时，指挥员下达了“点火”的命令。矗立在发射台上的“长征一号”火箭的四个发动机，一齐喷射出橘红色的火焰。伴随着轰的一声巨响，“长征一号”火箭托举着“东方红一号”卫星，腾空而起。4 月 25 日下午，新华社向全世界宣布：“1970 年 4 月 24 日，中国成功地发射了第一颗人造地球卫星，卫星运行轨道距离地球最近点 439 千米，最远点 2384 千米，轨道平面与地球赤道平面的夹角 68.5 度，绕地球一周 114 分钟，卫星重 173 千克，用 20.009 兆赫的频率播送《东方红》乐曲。”

对于“两弹一星”的研制成功，邓小平在 1988 年 10 月指出：“如果 20 世纪 60 年代以来中国没有原子弹、氢弹，没有发射卫星，中国就不能叫有重要影响的大国，就没有现在这样的国际地位。这些东西反映一个民族的能力，也是一个民族、一个国家兴旺发达的标志。”

人物小史

邓稼先（1924—1986），安徽怀宁人。1945 年毕业于西南联合大学物理系，后考入美国印第安纳州普渡大学物理系研究生。1950 年取得博士学位后，回国建设。1959 年苏联停止援助后，中国决定自己研制核武器，邓稼先立即组织理论队伍，开始了自力更生研制核武器的工作。1962 年，他领导起草了中国原子弹理论方案，深入试验现场，指导实验。1964 年，他去新疆参加了第一颗原子弹试验。第一颗原子弹试爆成功后，他又争分夺秒地领导研制氢弹的工作。1967 年，中国终于成功地试爆了第一颗氢弹。邓稼先因此被誉为“两弹元勋”。1984 年患癌症后，他仍然念念不忘我国核科技的发展，与几位同志一起给中央写信，对中国武器事业和高科技的发展提出了宝贵的意见。

钱学森（1911—2009），浙江杭州人。1934 年毕业于上海交通大学，1935 年去美国麻省理工学院留学，获得硕士后转入加利福尼亚理工学院，1938 年获得博士学位。1955 年，钱学森一家四口辗转回到祖国。回国后钱学森提出《建立我国国防工业意见书》，最先为火箭和导弹技术的发展提出了极为重要的实施方案。1956 年，他规划与组建了中国第一个火箭导弹研究机构——国防部第五研究院，任副院长、院长。他直接组织领导了我国运载火箭、导弹、卫星的研制攻关和试验工作，对中国火箭导弹和航天事业的迅速发展做出了重大贡献，被誉为“中国航天之父”。

三、我们为什么要探索太空?

探索太空是当前的世界性潮流，美国、俄罗斯等国对载人航天技术非常重视。因为这项技术是综合政治、军事、经济、科技、社会发展多种因素的战略决策，不仅对提高国家威望、实施战略威慑、增加民族凝聚力和自信心有巨大作用，而且有军事潜力、经济前景和社会效益。

20 世纪 90 年代，我国开始实施载人航天工程。根据计划，我国载人航天工程分三步走。第一步，发射无人飞船和载人飞船。第二步，第一艘载人飞船成功后，利用载人飞船技术改装、发射空间实验室，解决一定的空间应用问题。第三步，建造空间站。

1999 年 11 月，“神舟一号”无人飞船在酒泉卫星发射中心发射成功，飞船飞行约 10 分钟后，进入轨道，在太空绕地球飞行 14 圈、遨游 21 小时，完成预定的科学实验任务后成功着陆。“神舟”发射成功，是我国航天技术又一次大跨越的标志和新“飞天”里程的起点。“神舟一号”发射成功后，“神舟三号”和“神舟四号”在全载人状态下也发射成功了，这预示着中国人遨游太空的日子为时不远。

1. 杨利伟飞天

2003 年 10 月，航天员杨利伟乘坐“神舟五号”飞船，遨游太空 14 圈后安全返回地面，我国成为世界上第三个掌握载人航天技术的国家，中华民族实现了千年飞天梦。在研究载人航天技术的道路上，我们走了 39 年。后来，杨利伟在接受采访时说道：“9 时整，火箭在震耳欲聋的轰鸣声中，稳稳地拔地而起，以气吞山河的气势，载着我直刺苍穹，飞向太空！ 590 秒，飞船准确进入预定轨道。来到茫茫无际的太空，我看到了一幅神奇美妙的景色。舷窗外，阳光把飞船太阳能帆板照得格外明亮，下边就是美丽的地球。蔚蓝色的地球披着淡淡的云层，长长的海岸线在大陆和海洋间清晰可辨。我拿起摄像机，赶紧把这壮观的景色拍摄下来。此时此刻，我为祖国的科技发展和国力的不断强盛而感到自豪，为中国人飞上太空感到骄傲，并郑重地在飞行手册上写下了：‘为了人类的和平与进步，中国人来到太空了！’飞船飞行到第 7 圈时，我在太空展示了中国国旗和联合国旗，表达了中国人和平利用太空、造福全人类的美好愿望。”

2. 太空漫步

“神舟五号”进入太空，只有杨利伟一个人。但是把杨利伟送上太空，却是成千上万有名英雄和无名英雄的努力。2008 年，“神舟七号”载人飞船升入太空，航天员翟志刚成功完成出仓任务，实现了中国人首次太空行走。

“神舟”系列飞船的发射成功，标志着中国正式掌握了载人航天技术，成为世界上第三个有能力将人送上太空的国家，也意味着我国在载人航天技术领域取得了令人瞩目的辉煌成就。

参考文献

[1] 吴象．伟大的历程：中国农村改革起步实录 [M]．杭州：浙江人民出版社，2019.

[2] 王穗明，林洁．深圳口述史（1980—1992）（上卷）[M]．深圳：海天出版社，2015.

[3] 涂俏．袁庚传：改革现场 [M]．北京：作家出版社，2008.

[4] 本书编写组．中国共产党简史 [M]．北京：人民出版社、中共党史出版社，2021.

[5] 申晨．“逃港风潮”与建立经济特区 [J]．中国档案，2008（10）：64–67.

[6] 中国航天科技集团公司，中国航天科工集团公司．飞越苍穹：中国航天 50 年 [M]．杭州：浙江科学技术出版社，2006.

[7] 于庆田，苏扩善．神秘的事业 [M]．北京：中国和平出版社，1990.

[8] 孟昭瑞，孟醒．中国蘑菇云 [M]．沈阳：辽宁人民出版社，2008.

[9] 李浩鸣，向鹏，陈雅忱．袁隆平与中国杂交水稻工程 [J]．工程研究——跨学科视野中的工程，2009（9）：292–303.

[10] 吴跃华．“杂交水稻之父”袁隆平的爱乐人生 [J]．琴童，2019（2）：67–68.

[11] 周跃建．“杂交水稻之父”：袁隆平爷爷的故事 [J]．小学生之友・智力探索版（中旬），2009（5）：4–6.

[12] 袁亚男，姜廷良，周兴，等．青蒿素的发现和发展 [J]．科学通报，2017，62（18）：1914–1927.

[13] 张萌．稻子熟了，袁隆平想起了母亲 [N]．中国妇女报，2012–11–13（B04 版）.

[14] 张盖伦．屠呦呦：愿青蒿素的故事一直写下去 [N]．科技日报，2022–07–04（002）.

[15] 孟淼淼．屠呦呦：青蒿素，中医药给世界的一份礼物 [N]．中国青年报，2021–02–04.

[16] 王彦．《功勋》：致敬这个时代最闪亮的星 [N]．文汇报，2021–09–24（001）.